吉本興業をキラキラにした男 林弘高物語

竹中功 監修
小谷洋介 著

KKロングセラーズ

はじめに

発見された二千枚の写真が開いた吉本の新たな歴史

一九三八（昭和十三）年七月二十五日、外は雨。

ザー、ザーと障害音の交じる国際電話で日本に置いてきた息子に語りかけたのは林弘高である。五歳の長男相手に冗談めかした英語を披露する弘高はこの時、ロンドンにいた。

「Hi, my son. How are you?」

吉本興業の東京支社を任され、公私共に多忙を極めていた頃の一つの光景である。

これより遡ること二十六年、吉本興業は一九一二（明治四十五）年に吉本泰三とせい（旧姓・林せい）の夫婦によって大阪で創業した。

その後、せい（三女）の十二人兄弟のうち、林正之助（三男）、林弘高（四男）という二人の弟が吉本興業の経営に加わり、夫の泰三を亡くし、女興行師として差配を振るう姉のせいを支えた。特に三男の正之助は稀代の興行師として名高く、数多くの功績と武勇伝が今も語り継がれている。

主に大阪の地で活躍したのがせいと正之助。そんな姉、兄とは一線を画しながら東京という新天地で躍動した人物、それが林弘高だ。

しかし、そんな経営者が吉本興業の歴史上にいたことはほとんど知られていないし、その功績も未だ謎に包まれたままであった。

そんな中、私が縁あって吉本興業の「社史編纂プロジェクト」に携わることになったのは今から数年前のこと。二〇一七（平成二十九）年に社史「百五年史」を発行するため、私は百余年にわたって蓄積された資料の一つ一つと触れ合うことになった。集められた資料は機密文書をはじめ、広報資料、写真、チラシ、ポスター、出番表、広報誌、取材音源など約三十万点。それらすべてが特別に用意された編纂室に運び込まれたわけだが、四方八方を資料に囲まれながらの作業は当初、息の詰まるものだった。

とはいえ、時間の経過とともに、資料の位置や内容が把握できるようになると、当初ほどの窮屈さは感じなくなり、年月を重ねていくうちに、「あの資料はどこにいったか」そんな疑問は出なくなるほど、編纂室の見取り図が頭の中で完全に仕上がっていった。

だからこそ、作業を始めてから二年が経ったある日、まだ一度も空けたことのない段ボール箱を見つけた時は驚いてしまった。自分の失念を責めるというよりも、資料の膨大さ、「まだこんなところに未確認の資料があったのか」という、およそ百年という歴史の厚みに感心したのだ。

かなりくたびれた形状をしたそのダンボール箱は、ネバネバとしたガムテープの粘着跡から察するに相当前に閉じられたものだろう。開けると、中には複数枚の封筒が入っていた。いずれも一九九〇年代に使用していた会社のロゴマークが印刷されている。表面に「銀座7丁目劇場資料」と書かれているので、東京再進出を果たした当時の資料と思われる。

それら封筒の束をわしづかんで取り出すと、箱の底に茶褐色に変色したA4版の封筒が二つあった。さっきの封筒よりもさらに古く、どちらもはち切れんばかりに膨らんでいて、二つ合わせると大きめの辞書くらいの重さがあった。表面にはマジックペンで『英之ファイル』と手書きされている。

『英之ファイル』の中身はA４サイズの紙の束だった。引っ張り出し数えると、その数は六〇〇枚にも上る。さらにその内容を見て、私は思わず嘆声を上げた。


六〇〇枚の『英之ファイル』はすべて林弘高のスナップ写真（写し）であった。紙上に大小様々な写真が散りばめられていて、写真の数だけでいえば二〇〇〇枚は超えている。一応、吉本興業の歴史はすべて頭に入っているつもりであったが、そこに映っている写真はどれも知らないものばかり。私の知っている歴史と交差する写真がほとんどなかったのだ。

見るからに戦前の写真であるのに、なぜ、二メートルを超えるロボットが劇場の舞台袖にいるのか。なぜ、弘高はエジプトのピラミッドの前で記念写真を撮っているのか。なぜ、彼は大観衆の視線を一手に集めながらボウリングをしているのか。

それら写真が持つ意味を理解するまでに時間がかかった。

だが、そこに写っていた歴史が、これまで誰にも追究されてこなかった人物の歴史なのだとわかった途端、その六〇〇枚はただの紙ではなくなった。

気がつくと、ページをめくることが楽しくて仕方がなくなり、私は一枚、一枚めくるたびに地中に眠る弘高像を掘り起こしている感覚になった。

外国人がショウを熱演している写真、映画撮影所開きでの集合写真、プロレスラーたちとの宴会写真など、食い入るように閲覧していた私は鼻息が荒くなり、胸は紙をめくる度にドク、ドクと高鳴った。

以降、私のデスクの片隅には卓上カレンダーと共に『英之ファイル』が置かれた。弘高は一体、何を目指していたのか。写真だけでは聞こえてこない彼の息遣いが知りたい。そんな思いから私の取材は始まった。

すべての資料をはじめから調べ直すだけでなく、新たな資料を求めて各地を訪ね、ついには弘高の長男にもお会いすることができた。すでに八十歳を超えておられたが、古い記憶から新しい記憶まで惜しみなく提供してくれた長男の名前は林英之。『英之ファイル』の寄贈者だった。

「親父さん（弘高）は何にでも興味があった人ですから、これまでの吉本の歴史にはなかったことをたくさんしていたと思いますよ」

英之さんは取材の冒頭でこのように語った。

「なんたって、戦前に世界旅行に出ていたくらいの人ですから」

弘高は実にピュアな男であった。抱いた理想に向かって猪突猛進あるのみ。トコトンまで追求し、その先に「世界」を見ていた吉本興業の歴史上において唯一無二の存在であった。

そんな林弘高という男が掲げた理想と、それに共鳴した人たちの姿をこれから少し覗いていきたいと思う。

小谷洋介

目次

第二章　大劇場建設物語　85

第三章　弘高イズムの覚醒　127

第四章　戦後にこそ輝いた　189

第五章　東京から大阪へ　257

写真提供／吉本興業株式会社

第一章

林弘高という男

姉のせいとは十八歳、兄の正之助とも八歳離れた末っ子

東京メトロの丸ノ内線・荻窪駅から十分ほど歩いたところに英之さん宅はあった。表門から草木の生い茂る庭を抜けて玄関に向かうと、穏やかな笑みで奥様の右子さんが出迎えてくれた。

案内された居間で英之さんと対面。柔和な顔で「いらっしゃい」と誘ってくれた英之さんは一九三三（昭和八）年八月二十三日生まれの八十三歳（当時）だ。

「ここの土地は親父さん（弘高）が戦前に買ったものなんだよ」

英之さんは高齢を感じさせないハキハキとした口調で自宅を紹介した。

父の弘高は一九四一（昭和十六）年頃に同地を買ったのだという。当時は郊外にあたり、畑ばかりの土地であったため、約一千坪という広大さでありながら相当な安価で手に入ったそうだ。戦後、訳あって半分以上の土地を手放したというが、それでも窓の外に目をやると、さっき通ってきた庭がずっと奥まで広がっていた。

二十畳はある居間には木目調の家具が並び、壁沿いの棚にはショットグラスのコレ

クションや額入りの写真が飾られている。外には緑いっぱいの庭、内には木々の温もりが広がる旧・弘高邸はとてもゆったりとした時間の流れる場所だった。

テーブル上に一枚の写真を差し出す。戦前に撮られた弘高の写真だ。林家譲りの四角い顔と、頑丈そうな下顎、大きな目には屈強さが感じられ、それでいて、背広姿の彼からは品の良さも漂っている。写真の中の弘高は、かき上げた前髪をポマードで固め、トレードマークともいえる口髭を広げて微笑んでいた。

「親父さんは末っ子だったから、せいさんや正之助さんを上手く立てながらやっていたのだと思いますよ」

創業者の妻、吉本せいの旧姓は林である。その十二人兄弟のうち、十一番目が弘高であり、姉のせいとは十八歳も歳が離れている。兄の正之助とも八歳の差があった。

「だから、姉や兄とは離れた東京でやる方が気を遣わずに済んだのでしょう」

吉本興業に入った弘高を東京の責任者にしたのは姉のせいである。この差配について『女興行師　吉本せい』（中央公論社）の著者、矢野誠一氏はすでに吉本興行部（当時）に入り、大阪で活躍していた兄の正之助との関係を交えながら次のように記している。

『吉本せいという女の、ひとを見る目のたしかさを感ぜずにはいられない。おなじ兄弟でいて、まったく性格のちがう正之助のそばに置いたのでは、弘高の才能は発揮されないことをすでに見抜いていたのである。無神経でがさつなところがあって、ものごとを強引にはこびたがる正之助と、見かけに似ず神経質で、文学青年気質の弘高のふたりがいっしょに仕事をしたのでは、いくら血をわけた兄弟であっても、いずれ衝突することがせいにはわかっていたのである。それに、いちど衝突すると、なまじ血をわけた兄弟であるだけに収拾のつかない泥沼におちこむ危険もあった。そのあたりをおもんぱかって、なお弘高の才能を高く評価していたせいは、彼を東京に送り出したのである』

弘高の姉、せいという人は神仏への信仰心に厚く、情け深い性格の持ち主であった。とりわけ礼節を重んじた彼女は芸人や従業員たちから「御寮人《ごりょうにん》さん」と慕われ、弟の正之助は「姉さんはそのへんの郵便ポストにも頭を下げるような人やった」とその人柄を表現している。

そんなせいについて、かつて南地花月（吉本興業の小屋）で客のお世話をするお茶子として働いていた女性が後年、次のように語っている。

『忙しいとついお客に接する態度がつっけんどんになりがちですが、お客にどんな無理をいわれても笑顔で応じよとしかられました。難題をふっかけるお客も、ご寮人はんが出て応対しはると納得したくらいで、ほんまに誠実なお人どした。（中略）お客と商品（芸人）を大事にすること、これが大阪商人の根性。ご寮人はんがえらもんにならはった第一の理由はこれだっせ』（朝日新聞社『いまに生きる なにわの人びと』）

せいは幼少期から実家（米穀商）や、上女中時代に商売のいろはを仕込まれ、商いをする上で最も大切なことを心得ていた。

そんな彼女は歳の離れた弟、弘高をとても可愛がった。弘高からすると頭が良くて、仕事もできて、気配りもできて、かつ自分を可愛がってくれる、非の打ち所なしといったカッコイイ姉であった。

一方、兄の正之助は弘高にとって自分にないものを持つ人であった。彼は一人で物事を打開できる力を持ち、その豪傑に尾ひれのついた話は今も多く残されている。彼が「右を向け」と言えば、みんなが右を向く。そんな周囲を従えるカリスマ性を持つ人物であった。ただし、表面上は豪快に振る舞いつつも、実際では慎重な一面もあったそうで、何でも石橋を叩いて渡る性質があったともいわれている。

そんな姉、兄を持つ末っ子、弘高はその立場や元々の性格からいつも遠慮がちで、二人に対して、「ハイ、姉様」「ハイ、兄様」と下手に回ることが多かった。生前の弘高と親交があったという前出の矢野氏も次のように記している。

『大阪生まれの大阪育ちではあったが、弘高の性格は多分に東京っ子的な面があり、大阪で骨肉の情のからんだもめごとに気をもみながら仕事をするよりも、東京で活躍させたほうがより大きな成果があがるとふんだせいの判断は、まったく正しかった』

弘高は一九〇七（明治四〇）年二月一日、大阪・天神橋筋四丁目の米穀商、林豊次郎とちよの四男として生まれた。本名は林勝といい、弘高は通名である。

姉のせい（三女）や兄の正之助（三男）のようなパワフルさには欠ける弘高だが、日頃から周囲に気を遣う神経質な一面を持ち、人当たりがよく、誰からも好かれる性格だった。人に甘えたり、頼ったりできる末っ子気質は彼の強みでもあり、人懐っこい人柄はのちに幅広い交友関係を築く礎となる。

寄席小屋「第二文芸館」がお気に入りの遊び場

吉本興業が創業したのは一九一二（明治四十五）年四月。大阪天満宮裏門の寄席小屋「第二文芸館」の経営に携わったのが最初である。当時、弘高は五歳。翌年には小学校入学を控えていた。

米穀商の林家（北区天神橋筋四丁目）は第二文芸館のある大阪天満宮裏から北に約一キロの場所にあった。天神橋筋は天満宮の表参道として繁栄し、多くの商店が軒を並べたところで、現在は日本一長い商店街「天神橋筋商店街」として有名だ。かつては近くに「天満青物市場」があったこともあり、ここら一帯は江戸時代より「天下の台所」を象徴する町であった。

また、同町の名物はなんといっても大阪天満宮の天神祭である。毎年、七月に行なわれる日本三大祭の一つであり、船渡御《ふなとぎょ》とよばれる神事では水上に何艘もの船が往来する。夜になると船はかがり火や提灯で照らされ、打ち上げ花火と共に水の都・大阪に幻想的な夜を演出した。

しかし、少年時代の弘高にとってはそんなものよりも、飴細工や紙芝居といった屋台のほうに興味があり、親に頼んでダメなら、今度は第二文芸館に駆け込み、「あねさーん！」とせいに泣きついた。弘高はこの頃から「これ！」と決めたものは頑なに譲らなかった。「紙芝居がみたい！」と思えば、その欲求が満たされるまで地面に座り込み、足をジタバタさせ、挙句には泣きわめいておねだりした。

弘高の少年期は吉本興行部（当時の社名）の景気も良く、姉におねだりすれば、「はいはい」と甘やかしてもらえたし、第二文芸館に駆け込めば、楽屋にいた芸人たちが「どれ、わしが一つ買ってやろう」と言ってくれた。

そして、いざ紙芝居を見はじめると、ピタリと泣きやみ、今度は一言も発することなく紙芝居に夢中になるのである。好きなものに対するエネルギーや集中力は人一倍高かった弘高。一度でも目標や理想に向かって突き進むと、それは親兄弟ですら止めることが難しかった。

「おっちゃん、おおきに！」

紙芝居が終わると、弘高は駄賃を払ってくれた芸人にお礼を言った。礼儀の大切さは五歳ながら、姉のせいから口酸っぱくしつけられていることであった。

「ええか坊っちゃん、その代わり、大きくなったらわしの面倒みてや」

言われた弘高は「うん、わかった！」と返事をするが、本当は何もわかっていない。ただ、みんなに可愛がってもらえる心地良さがあった第二文芸館は、弘高にとってお気に入りの遊び場の一つであった。

創業者の吉本泰三は創業三年目に四軒の寄席小屋を手に入れると、創業四年目には大阪一の繁華街「ミナミ」の一流席「蓬莱館」（法善寺境内）を買い取り、名前を「南地花月亭」と改め開場する。同時に創業地の第二文芸館も「天満花月」と改めたことで以降、各小屋に掲げる「花月」の看板が吉本興業の象徴となった。

そして、しばらくするとある男が吉本興行部に加入する。弘高の兄、正之助だ。正之助が加入したのは一九一七（大正六）年の十九歳のとき。それまでは明石の呉服屋「紀の国屋」へ丁稚奉公に出ていた。ここは長姉の嫁ぎ先であり、正之助は姫路城裏手の出店にいたが、「田舎ののんびりした感覚がせっかちな自分とは合わなかった」

らしく、姉の誘いを受けて大阪へ戻り、吉本興行部に加入することになった。

正之助は尋常小学校卒である。卒業後、北野中学進学を目指したが、受験に失敗したため、丁稚奉公に出たといわれている。

入部後の正之助は得意の自転車で各寄席を巡回し、集金や入り具合の監査に奔走した。さらに姉のせいが正之助加入の二年後に病で倒れ、約一年半もの間、療養生活を送ることになったため、姉に代わって泰三のサポートをすることになる。

晩年、正之助は芸能関係者の取材に積極的に応対したが、その際に録音された肉声テープ十七本、合計十九時間三十分が吉本興業に残されている。その中で正之助は創業者の泰三について次のように語っている。

「義兄（泰三）はえらい人やった。その時分に金を貸してくれた人に対しては、料理屋から料理を取るなどして最高の敬意を払っていました。利息も払って担保も出してるんだから、頭なんて下げなくてもいいんですけどね。やっぱり昔の人という感じで義理堅い。利息や担保は気にせんと、お金を貸してくれはった人は大事にせないかんという人でした」

このあたりの情や義理といった気質には、せいも泰三も共通のものがある。泰三も元は老舗の荒物屋出身であり、商売上の振る舞いは、幼少の頃から叩き込まれてきた。

正之助はそんな泰三に後継者として育てられた。「やっぱり器の大きいところがあった」と続ける正之助は、泰三が自身の弟と自分（正之助）を比較した際、贔屓せず正当に評してくれたと言う。

「僕のほうが仕事ができるから、僕は人力車に乗せてもらいました。自分の弟には乗せませんでしたな。人とは見る目が違って、自分の弟よりも僕（泰三）の跡をやらせるのは俺（正之助）やということで大事にしてくれました」

中央大学専門部で三年間の東京神田暮らし

泰三には実兄と異母弟がいた。実兄（吉三郎）は若くして他界したが、弟は健在であった。弟の名前は吉本弥兵衛といい、兄の泰三に従い、吉本興行部の従業員になると、浪花節の常設館で支配人を務めた。つまり、せい同様、泰三もまた弟の協力を得ていたというのが創業当初の実情であった。

そんな泰三の存在感は相当に際立っていたようで、前田憲司氏（芸能史研究家）がを語っている。

所有する吉本興業最初の広報誌『演芸タイムス』の中で当時の給仕が泰三の威厳たる

『御大吉本主人はドッシリと肥った健かな体を時々事務所に運びますが、寡言沈思《かげんちんし》何時も何事か大きな頭の中に計画を廻らせているのでしょう。唯だ奥床しい……でも其姿が見えますと事務員さんから給仕までピリッとする所争はれないものです』（『演芸タイムス 第十二号』大正十二年三月）

泰三といえば肥えた体と口髭に特徴があった。弘高はそんな泰三とせいの娘二人と歳が近かったこともあり、よく一緒に遊ばせてもらった。その際、弘高は泰三の口ひげに興味津々で、会うといつも口髭を触らせてもらっていた。

「わても大きくなったら、こんなヒゲを生やしたい！」

そんなことを言ってみせると、泰三は表情を崩して笑ってくれた。

小学校、中学校と大阪で育ち、外から吉本興行部の成長していく姿を見続けた弘高。中学生の時には少女歌劇ブームが巻き起こり、当時、思春期真っ只中の弘高も夢中になって女優たちを追いかけた。吉本興行部では花月乙女舞踊連といったものが人気だったし、少女歌劇とは趣は異なるが、島根の娘たちによる「安来節」も大ヒットし、多くの若者たちを興奮させていた。弘高の同級生の中には、

「お前のお姉さんに言って◯◯に会わせてもらわれへんか？」

と頼む生徒もいたりして、その経験は弘高にとってちょっとした自慢であった。

中学校は関西甲種商業学校（現・関西大学第一中学校・高等学校）に進学し、学業の傍ら、弁論部の一員としてある大会で優勝するなど活躍した。

そんな弘高は中学校を卒業すると大学の専門部に進む。この時、姉、兄とは異なる環境を求めて大阪の地を離れることを決めた。

当時は中学校進学ですら稀なことであったというから、青年時代の弘高はとても恵まれた環境下にあったといえる。それは吉本興行部の発展とも無関係ではない。泰三やせい、正之助らによる吉本興行部の躍進があったからこそ、弘高は自由に中学、大学専門部と進むことができ、学費の心配もせずに済んだのである。

十七歳の弘高が進んだのは東京の中央大学専門部商科。専門部とは実学を中心とした大学付属の専門学校のことである。旧制の大学は大学令に準拠した学校であるため、

高等学校を卒業しなければ入ることはできない。だが、専門部は専門学校令に準拠した学校であるため、中学校の卒業資格さえ持っていれば入ることができた。ちなみに同大学専門部（法科）の卒業生には戦後、内閣総理大臣となる海部俊樹がいる。

中央大学専門部の学び舎は神田錦町にあった。弘高が入学してから二年四カ月後に約一キロ北にある神田駿河台の新校舎へ移転するが、いずれにせよ、弘高は専門部の学生として三年間を東京の下町・神田で過ごすこととなった。

日本橋花柳界にも足繁く通う

中央大学専門部商科へ進んだ弘高は東京の下町・神田で三年間を過ごした。すぐ近くには吉本興行部の「神田花月」があり、ふらっと顔を出せば顔見知りの芸人や従業員たちが「坊っちゃん、元気してるか？」と迎えてくれた。そんな神田花月はかつて第二文芸館に通った弘高にとってどこか懐かしい空気感を持つ場所であった。

弘高は文武両道を心得、多くの趣味を持っていた。各界の著名人が列記された『人事興信録』（人事興信所）の中に「林弘高」の項目も見つけることができる。彼の

『趣味』と記された欄には「読書」「ハイキング」「ボート」「登山」と並んでいた。

「なんでもやってみなわからへん。だからやってみよう！」

幼少期からいろんなものに触れる機会を許されてきた弘高は、とにかく好奇心旺盛だった。そして、それが自身の感覚とマッチすれば、トコトン突き詰める力も持っていた。

そんな父親について、息子の英之さんは「花柳界にも興味がある人だったよ」と語る。

当時の東京には浅草をはじめ、多くの花街があった。なかでも弘高が足繁く通った場所は日本橋花柳界（日本橋檜物町）だ。現在の地図でいうと、東京駅八重洲中央口を出て左手前方に広がる一帯である。

日本橋檜物町は元々、徳川家康が江戸城周辺に武家屋敷を建築する際、大工たちを集めて住まわせた場所である。明治末期に花柳界ができ、弘高が上京した頃には待合（料亭）、料理屋、置屋が五十軒以上、芸者は五百名以上いたといわれている。

白塗り姿の芸者が軽やかな下駄の音を鳴らし歩くここは、弘高の下宿先から徒歩で二十分という場所にあり、通りにはほのかに線香の香りが漂う。春になると、さくら通りの桜が満開となり、しっぽりとした街により一層の風情を与えた。

弘高は料亭に向かう際、いつも近所の老舗和菓子屋「栄喜堂」に立ち寄り、手土産を買っていた。

「今日は何にしましょう？」

栄喜堂には年上の看板娘がいた。むしろ、彼女の顔を見るために通っているようなものだ。

「暑うなってきたし、水羊羹をおくれ」

「また芸者遊びかい？　ほどほどにしておくんだよ」

姉御肌のにじむ言葉で送り出されると、弘高はすっかり気分がよくなって、浮かれ調子で料亭へ向かうのであった。

人との交流が好きな弘高は、お酒を飲み交わしながら相手との距離を詰めることが上手く、その性質は花柳界との相性も抜群だった。

そんな学生生活もあっという間に終わり、専門部を修了したのは一九二七（昭和二）年のこと。二十歳の弘高は卒業後、社会党の新聞編集に携わる。さらにこの頃、結婚する。相手は「栄喜堂」の看板娘であった。

名前は石寺利喜。石寺乙次郎の娘である彼女は一九〇五（明治三十八）年生まれ。弘高の二歳年上であると同時に、結婚時には二歳になる連れ子までいた。新宿末広亭の主人による紹介もあったというが、末っ子特有の甘え気質を持つ弘高と江戸っ子の姉さん気質を持った彼女は意気投合した。

妻の利喜はいかにも江戸っ子らしい、あっさりとした性格であった。そのため、弘高が結婚して間もなく、新聞編集を辞め、吉本興行部に参加したいと相談した際も、二つ返事でその背中を押してくれた。

吉本興行部、東京の営業責任者

すっかり大人になり、鼻の下に泰三を彷彿させる口髭を蓄えた弘高は一九二八（昭和三）年、二十一歳の時に吉本興行部に加入。東京の営業責任者となった。

関東にはすでに神田花月や横浜花月が存在し、落語や色物主体の寄席経営を展開していたが、これらは大阪吉本による運営であったため、弘高は別の本拠地を探す必要に迫られた。

とはいえ、大阪吉本の名前を使って活動できること自体、恵まれた環境である。本来であれば、大阪出身の吉本興行部が東京で活動することはそう簡単なことではない。東京の同業他社にとってみれば、決して気分の良い話ではなく、敵対心をむき出しにして追い出そうとするはずであった。

しかし、予想よりも反感が少なかったのは、それまで泰三が積み上げてきた実績にある。泰三は早くから東京演芸界とのコネクションを育んでいたし、一九二三（大正十二）年の関東大震災の際には大阪から正之助ら幹部を派遣し、被災した芸人や関係者を慰問するなどしてきた。そうした信頼関係が、弘高の初動をスムーズにさせた一つの要因でもあった。

弘高が目をつけたのは浅草だった。東京の盛り場といえばやはり浅草だ。実は大阪吉本でも一年間だけ、浅草の「遊楽館」という劇場を借りて運営したことがあった。しかし、弘高が加入した一九二七（昭和二）年の春頃、契約満了につき運営を終えている。

その大阪吉本が退いた浅草に弘高は滑り込んだ。東京吉本の本拠地を浅草に定めると、さっそく劇場の新築を考え、かつて東京中に名声を誇った蕎麦屋「おく山萬成庵」の跡地に目をつけた。同店は日本で最も歴史があり、川端康成の小説にも登場する蕎麦の名店であった。

一九三〇（昭和五）年、弘高は蕎麦屋の跡地に劇場「萬盛座」を新築した。純和風の二階建て・定員三九六名。同年元旦に開場し、翌月に「萬成座」と改称した。これは「盛」という漢字の中の「皿」という字が「割れる」という縁起の悪い印象を与えたためである。

当時の東京吉本にはすでにたくさんの人気芸人がいた。落語の柳家金語楼、都々逸の柳家三亀松は東京吉本の看板であったし、バイオリン片手に「のんき節」を唄った石田一松、「スポーツ萬歳」の永田キング・ミスエロ子、東京吉本が誇る剣劇の三座長（九州の梅沢昇、北海道の辻野良一、神戸の金井修）などがしのぎを削っていた。彼らは年下でありながらも奮闘する弘高のことを、敬意を込めて「若」と呼んだ。

弘高は萬成座開場の翌年、浅草にもう一軒「昭和座」を開場し、活動を本格化させると、居住も学生時代を過ごした神田から浅草の言問橋近くに移した。

言問橋は一九二七（昭和二）年にできたばかりの桁橋で、夏になると、橋の下で涼を取る人々の姿も見られた。近くには隅田公園があり、公園の川沿いには渡船場があったため、各渡船場から人が集まり、特に桜が咲く季節は名物の言問団子と共に花見を楽しむ観光客で賑わった。

大いにわいたレビュー団「白鳥座歌舞劇団」と「ロボット劇」

学生気分もすっかり抜けた弘高が当時、注視したのは浅草に芽吹く軽演劇（レビュー）の存在だった。一九二九・三〇（昭和四・五）年頃から「カジノフォーリー」「プペダンサント」、一九三一（昭和六）年には松竹座に日本最大規模の「ピエル・ブリヤント」（座長は榎本健一、二村定一）といったレビュー団が登場。

さらにトーキー映画の流入によって活躍の場を奪われた弁士たちが役者や漫談家に転身し、その中から古川ロッパ、徳川無声、生駒雷遊を中心とした「笑の王国」が結成された。

その華やかな舞台模様に刺激を受けた弘高は大阪のレビュー団「白鳥座歌舞劇団」を萬成座に上げて江戸っ子たちの好評を得ると、その次は一風変わった「ロボット劇」というものを試した。

「若、今度はロボットですか！」

「ええ。実は今、二メートルを越えるロボットを製作中です」

「に、二メートル！」

「巨大な鉄の塊が舞台に登場すれば、浅草中で話題になると思うんです！　今、そのロボットの中に入ってくれる芸人を探しとるところです」

「よっしゃ、おいらがやりやしょ。ロボットの中に入るなんて、めったにできることじゃねえ。駄賃はラムネ一本でかまわねえから、おいらにやらしとくれ！」

東京の芸人たちは弘高の発想を面白がって形にしようとしてくれた。

日本で初めてのロボット「學天則」がお目見えしたのは一九二八（昭和三）年のこと。それからわずか数年後に弘高はロボット劇を浅草で披露してみせたのだ。

この弘高の妙案に賛同したのは漫才師の大倉寿賀若という男であった。寿賀若はブリキに塗装した人型二足歩行ロボットの中に入って、「ウィーン、ガシャン」と舞台上を歩き、さらに電気で眼の色を変えると、観客席は大いにわいた。寿賀若はロボットの中で汗だくになりながらも、「ロボットで人を笑顔に出来るのはわしらだけやで」

と誇らしげだった。

レビューとコメディの融合に手応えを感じた弘高はショウ劇団の創設を目指し、旧知を頼って橋本鐵彦という男を誘った。橋本は日大専門部社会科を中退後、「新声劇」の文芸部に所属し、脚本家を目指していた男である。

ちなみに吉本興行部が吉本興業合名会社に改組したのもちょうどこの頃である。一九三二（昭和七）年三月一日、姉の吉本せいが主宰者、兄の林正之助が総支配人、弘高が東京支社長の座に就くことになった。

弘高は麹町区富士見町二丁目（現：千代田区九段南）に支社を置き、橋本と一緒に、理想を語らいながらショウ劇団づくりに励んだ。

しかしある日、東京を訪れた正之助が橋本の能力を高く評価し、大阪に連れて帰ると言い出した。思わぬ横槍であったが、兄の頼みとあらば文句は言えぬ関係性がこの兄弟にはあった。

「橋本くん、悪いけど明日から大阪の吉本へ行ってください」

弘高は兄の言伝である「高月給」「高待遇」を理由に橋本を納得させた。

「すまんな。だけどまたいつか、必ず一緒に仕事をしよう」

最後はそう橋本と約束し、弘高は彼を大阪へと送り出した。

自身の理想に共鳴してくれた橋本を失った弘高。それでもめげずに準備し続けていた彼の下にしばらくして大きな転機が訪れる。それはアメリカからやってきたレビュー団「マーカスショウ」との出会いである。

舶来のレビュー団「マーカスショウ」

一九三四（昭和九）年、二十七歳の弘高には連れ子のほかに、四歳の長女（作子）と一歳の長男（英之）がおり、翌年には次男（有作）も誕生する。実は次女（利子）もいたが、彼女は生まれてすぐに亡くなっている。

賑やかな家庭生活を送る弘高は仕事も大忙し。浅草の劇場は好調を維持し、東京支社の卓上式電話機は鳴りっぱなしだった。

そんなある日、東京支社長の弘高に一本の電話が入る。相手は東京興行界の顔役、千葉博巳であった。

「アメリカのマーカスショウという一座が日本公演の売り込みに苦戦しているのですが、お話だけでも聞いていただけませんか？」

聞けば、もともとこの話は帝国ホテルのフロントマネージャーから桂侯爵の愛妾（お鯉）に伝わり、それが千葉の耳に入ったのだという。

「その話、本当ですか？」

さらりと話した千葉の声が耳にまとわりつき、離れなかった。

「千葉さん、まだ誰も手を上げていませんか？　上げていませんよね！」

弘高は受話器をグッと握りしめ聞いた。本場、アメリカの一座がわしらを待っとる。これはチャンスや。好奇心がくすぐられて仕方がなかった。

「今すぐ伺いますので、場所をご指示ください！」

弘高は手持ちの中でも最高級のスーツに着替えると、慌ただしく髪と髭を整え、指定場所の帝国ホテルに車を走らせた。緊張でハンドルを握る手と背中には汗がにじんだ。

ホテルのロビーで、弘高は先行して来日していたマーカスショウのマネージャー、チャールズ・ヒューゴーと面会した。ギシリと固めた握手に、相手は驚いた表情を見せた。

さっそくマネージャーから話を聞くと、右翼関係の動きもあってかなり売り込みに苦労している様子だった。

当時の日本は軍国主義色が濃くなり、内務省と外務省が一座を招くのに反対していたのだ。ショウには「ハダカ踊り」も含まれていたため、「帝都の中央でやらせるわけにはいかない」という意見や、「ユダヤ系の外人レビュー団を入国させることはできない」といった意見が挙がっていた。


複雑な思い。否、半ばそんな細かい話は後でなんとでもする。それくらいの思いで話を聞いていた弘高は、チャールズ・ヒューゴーが持参した一座のパンフレットを見た途端、とうとう転がりだした好奇心の車輪を制御できなくなった。

「これ、全員が来日できるんですか！」

パンフレットには所属団員数十名のポートレートと舞台写真があった。

その中には世界が広がっていた。

女性は乳房を丸出しにして写っているものもある。舞台写真はどこに焦点を合わせていいのかわからないほどに情報が多い。弘高は膝の上にパンフレットを置きながら、忙《せわ》しなく目を動かした。一枚一枚めくっていくうちに、足がブルブルと武者震いを始めた。

日本ではめったに見られない、すらっとした長身の女性が足を高く上げてポージングしている写真を目に入れただけで、ドク、ドクと血流が加速し、全身を駆け回っては体内に残る昨夜のアルコールを消し去っていく。

いよいよ体も火照りだし、鼻息も荒くなってきた。

「ぜひ、うちでやらせてください！　今すぐ連絡してきます。しばしお待ちを！」

弘高は決めた。帝国ホテルの電話を借りるや、すぐさま大阪の姉にマーカスショウの招聘を提案した。

「姉様、軍国主義やら、ユダヤ系やら、そんなもん関係ありません！　写真をひと目見ただけで二日酔いが治ったんです！　そんなショウどこにありますか！　これが生で見られるチャンスなど、あと十年待っても来ません！　だからお願いです。やらせてください！」

早口で前のめりの説明を時々正されながらも、せいは興味深く相槌を打ってくれた。

息を整えながら返事を待つ。受話器を持つ手が震えていた。

「わかった。あんたがそこまで言うんやったら、やったらよろしい。ただし、すぐにでも正之助をそっちへ行かせるさかい、それまでお待ち！」

実質、許しが下りたことで弘高は思わず、声を上げた。

「よっしゃ！　おおきに。ほんまおおきに姉様！」

弘高は周囲の目をはばかることなく喜んだ。全身の血が歓喜に湧き、マネージャーの下へ駆け戻る足を速めた。弘高は遠くにチャールズ・ヒューゴーの姿を見つけるや、「オッケー、オッケーが出ました！」と興奮ぎみの声を飛ばした。

弘高は何ごとも慎重に進めた兄の正之助とは違い、突発的な大胆さも持っていた。

「これオモシロイな。やってみよか。いや、やろう！」

自分の感性にビビッときたものはつい後先考えずに飛びついてしまう。こうした性分は前出の矢野誠一氏が言う『経営者としては、いささかロマンチストすぎる』という指摘にもつながる。しかし、その欲求への素直さが時に大ヒットを生み出すのだ。というのも、結果を先に言えば、このマーカスショウ招聘は大成功を収めるのである。

とはいえ、弘高の性質をきちんと把握し、彼の勇み足を危惧して、すぐに慎重派の正之助を派遣したせいの判断もさすがであった。

見かけによらず、トコトンのめり込む弘高と、こちらも見かけによらず、常に一歩引いてクールに眺める正之助。そんな二人を見事に操ってみせるせいの三位一体が吉本興業という会社の姿である。

後日、正之助も交えて再び商談を行い、弘高はなんとか兄を説得して招聘の実現にこぎつけた。

車道まではみ出した人の群

マーカスショウは日本を席巻した。当時の様子を綴った書物の中に旗一兵の『喜劇人回り舞台』（学風書院）というものがある。著者の旗は毎日新聞社の記者であったが、のちに吉本興業に加わり、東京吉本の弘高の下で企画課長や情報係長を務めた人物である。彼はマーカスショウの招聘について次のように記している。

『昭和九年三月、米国からマーカス・ショーが来日して日本劇場に出演した。これが日本のショーにあたえた影響は量り知れない。多芸を集めたバラエティーの構成、スピーディーな進行、タップ・チームの養成、照明の立体的駆使は、いずれもマーカスが残していった置土産で、殊にこれを招いた吉本興業はこれによって社格を上げ、浅草に花月劇場を新築すると同時に、トップ・モードの「吉本ショウ」を出発させた』（前掲）

　また、お金に対する嗅覚なら弘高の上をゆく正之助も、この時ばかりは招聘を訴えた弘高に対し「たいしたもんや」と舌を巻いた。

　当時、弘高はマーカスショウと公演会場の日劇から収益の五％の手数料を取った。映画館の入場料が高くても五十銭の時代に、三円から八十銭の料金を設定。それが連日超満員を記録し、十万円以上を稼いだというのだから、正之助が驚きを隠せなかったのも無理はない。

　しかしそれが、弘高本人が正確にそろばんを弾き、導き出した金額かと聞かれればそうではないかもしれない。弘高を突き動かしたのはお金よりもまず、瞬間的に湧き上がってくる興奮や好奇心だった。

「純粋に外国のショウが見てみたいんや！　世界のレビューというものがどんなもんか、この目で見てみたい。みんなも見たいやろ？　見たいよな！」

それもそのはず、マーカスショウは日本初の外国レビュー団であり、「ショウ」という言葉が持ち込まれた最初のことでもあった。

「英語を勉強しといたほうがええかな？　通訳はどうしよか？　日本食は口に合うやろか？　なんでもええから早く来てくれ！」

弘高が浮かれるのも無理はなかった。

まだ、外国人さえまともに見たことがない人も多かった時代。マーカスショウが爆発的にヒットする可能性は存分に秘められていた。その可能性を嗅ぎ分けた弘高の直感こそ、彼が持つ才覚。弘高イズムの発露であった。

兄、姉のお墨付きを得た弘高の頭の中はマーカスショウ一色に染まった。

マーカスショウは米国内を巡業するレビュー団であった。当時、米国海軍が『海軍に入隊して世界見物するがよい』という標語を使って兵隊を募集したのに習い、『マーカス一座に入って世界見物せよ』というスローガンを掲げて太平洋を横断していた。

その世界一周の目標は訪問国での興行成績によるため、座員の面々は是が非でも目標を達成しようと、意気込んで日本にやって来るのであった。

弘高は各局に根回しし、招聘実現に向けて奔走。兄の正之助も手伝ってくれた結果、東京駅前の日本郵船に契約金一万円を支払い、一九三四（昭和九）年二月二十三日、郵船浅間丸に乗った団員六十余名を横浜港に迎え入れた。

マーカスショウは一週間後に迫る公演に向け、即時準備に取り掛かったが、公演を目前にして新たな問題が浮上する。それはレビュー団の衣装についてだった。

公演前に警視庁興行係員による検閲が行われ、「ズロースの丈は股下二寸以上にしろ」「へそをむき出しにすることは観客に失礼だ」「乳房もむき出しにせず、乳バンドを着用せよ」などと叱言が飛んだ。これに対し、マネージャーや演出家は「アメリカでは市長が激賞するくらいだぞ」と対抗する一幕もあるなど、弘高は両意見の折衷に苦心した。この件については当時、マーカスショウを見た演出家、岩田豊雄も次のように抗議する。

『気の毒なことに、官憲がやかましいと見えて、彼女等はコスチウム以外の白布を、腹部に巻かされている。なんだかそろって下痢でもしているようで同情に耐えない。

ことに可笑しいのは「銀箔塗りの裸女」で、これは腹巻ができないので、おヘソに障子の切張りのようなものが、貼ってある。干渉もすこし度が過ぎはしないだろうか。却って不潔感を起すしまた非常識は対外的な名誉にならない』（岩田豊雄『劇場と書斎』モダン日本社）

「銀箔塗りの裸女」（演者はミス・ハッチャ）とはマーカスショウの名物であり、「銀の女神」とも呼ばれた。しかし、長時間裸体に銀箔を塗りたくる行為は皮膚呼吸を抑制する危険なものであり、これまでに女優が二人も死亡している。それでも同役の担い手が絶えなかったのは他者よりも給与が高く、自分や家族の生活のために引き受ける者がいたためだ。前出の旗一兵は「銀箔塗りの裸女」について次のように語っている。

『異色だったのは「ブロンズ・ビーナス」といわれたミス・ハッチャで、全身を銀粉でぬりつぶしてアクロバットを踊った。日本ではヌードの女性を出さなかったが、このブロンズ・ビーナスは乳房とヘソと腰をかくしても、銀粉で区別がつかなくなり、全身の曲線があらわに出るので日本人に初めてヌードを見るような刺激をあたえた』
（前掲）

マーカスショウは三月一日に初日を迎え、会場の日本劇場に訪れた観客たちは表玄関に設置された看板一枚にも恍惚の眼差しを向けた。当時の光景を見た物理学者の寺田寅彦は開場時の様子を次のように記している。

『アメリカのレビュー団マーカス・ショウが日本劇場で開演して満都の人気を収集しているようであった。日曜日の開演時刻にこの劇場の前を通って見ると大変な人の群が場前の鋪道を埋めて車道まではみ出している。これだけの人数が一人一人これから切符を買って這入るのでは、全部が入場するまでに一体どのくらい時間が掛かるかちょっと見当がつかない。人ごとながら気になった。

後に待っている人のことなどはまるで考えないで、自分さえ切符を買ってしまえばそれでいいという紳士淑女達のことであるから、切符売子と色々押し問答をした上に、必ず大きな札を出しておつりを勘定させる、その上に押し合いへし合いお互いに運動を妨害するから、どうしても一人宛平均三十秒はかかるであろう。それで、待っている人数がざっと五百人と見て全部が入場するまでには二百五十分、すなわち、四時間以上かかる。これは大変である』（寺田寅彦『寺田寅彦全集　第七巻』岩波書店）

座席は一階と二階が指定席、三階が自由席。一階席は二円、三円、二階席は一円五十銭、三階席は八十銭。通常よりも割高な価格であったが、俗に四千人劇場といわれた日本劇場は満員。洋装のサラリーマンから丸刈りの学生、着物姿の淑女、業界関係者までが肩を並べる中、マーカスショウの初回公演「ラ・ヴィ・バリ」（二十八景）は始まった。

全二十八景の公演に拍手喝采

公演は音から始まった。オケピット（舞台手前の沈んだ所）にいたドラム担当のハーセー・シャーキンがティンパニを力強く打ち鳴らすと、会場は一気に静まり返り、それに続いて約二十人いる演奏家たちが一斉に演奏を開始。チェロ、ピアノ、ドラムはアメリカ人、バイオリン、トランペット、サックスなどは日本人である。日米共同で奏でる伴奏に合わせて舞台の幕が上がった。

色彩豊かな舞台美術の前に、絢爛な衣装をまとった白人美女たちがズラリ。舞台の全容がゆっくりと姿を現すと、観客からは「おお！」という感嘆の声が上がった。

舞台にはショウガールズ、コーラスガールズたちのほか、プリマドンナ、道化役者、バレリーナなどが続々と登場し、ベン・ハッサンを中心とするアクロバティックチームが出てくると、ショウは迫力を増し、より一層の盛り上がりを見せた。

歌や踊りをメインに見せていたかと思えば、一転して寸劇や黙劇といった見慣れないものもある。そんな目まぐるしい内容に目を離せずにいると、お待ちかねの「銀箔塗りの裸女」が登場し、会場のボルテージは急上昇。極めつけはタップダンスの名手であり、マーカスショウの振付演出主任でもあるレオン・ミラーが、自慢のタップを日本劇場の隅々にまで打ち響かせた。

初回公演の「ラ・ヴィ・パリ」のプログラムは見つからなかったが、第二回公演「ブロードウェイ・メリーゴーランド」（二十八景）のプログラムが日本劇場宣伝課発行の日劇ニュース第十二号『GREATER MARCUS SHOW』の中に残されていた。

第一幕

序楽

第二景　一同御目見得

第三景　チョットいま何時

第四景　ダンス特演

第五景　ヌーヒムパークの仕事場［オモチャの国］（トーイ・ランドの歌）

第六景　厄介者

第七景　錯雑なリズム

第八景　私の旦那様

第九景　ヴォーカル間劇

第十景　娘達の庭園（素晴ラシキ少女時代の歌）

第十一景　特演

第十二景　歌舞の女神（ダンス狂）

第十三景　陽気な楽師

第十四景　ハヴァナの夜（キュバの庭の歌）

第二幕

第十五景　帰へる脚―（ヴァリエティ）

第十六景　手風琴特演

第十七景　庭園にて

第十八景　御婦人の御部屋―真珠とショールと扇

第十九景　サップ

第二十景　勝負

第二十・景　カルホルニアの山―雲雀の馳走

第二十二景　私をいじめるの

第二十三景　ゴブス（アメリカの水兵さん）

第二十四景　金の聖堂―「ゴールデン・アワース」

第二十五景　ナイルの河畔でクレオパトラの恋人

第二十六景　是非とも欲しいの
日米さくら音頭

第二十七景　特演

第二十八景　男も女も皆一緒に

第二回公演「ブロードウェイ・メリーゴーランド」（二十八景）の見せ場は第二十一景の「カルホルニアの山―雲雀の馳走」であった。これは演出を手掛けたA・Bマーカスのオリジナル演出である。アメリカ南部にあるサザン・パシフィック鉄道の急行列車「ラーク」（雲雀）がゴールデン・ステートとゴードループトンネルコースト・レンジとの剣崖を通過する一瞬を再現したもので、当時のパンフレットにこの場面を紹介した記述がある。

『「ブロウドウェイ・メリーゴーランド」の呼物は何んと言っても舞台に汽車を走らせる一場面で、ビング・クロスビーに似た歌声の持ち主で、彼より長身のリー・メーソンが美しき大勢のミラー・ダンサーズを駆使して観客をこうこつたらしめる（以下略）』（吉本興業合名会社『GREATER MARCUS SHOW』）

ビング・クロスビーとはクリスマスソングの名曲「ホワイト・クリスマス」や「サ

イレント・ナイト」などを生み出した歌手である。マーカスショウでは彼のような甘い歌声が会場を包み込む場面もあったようだ。

第二十四景の「金の聖堂―［ゴールデン・アワース］」では名物の「銀箔塗りの裸女」が登場した。公演時間は二時間から三時間程度。一景平均五分というテンポの早さで進んだが、第二十六景では一転、ゆったりとした「さくら音頭」の演舞が行われるなど、緩急巧みな内容であった。この「さくら音頭」は日本公演用にアレンジされたもので、日劇少女歌劇団もこの時登場し、一緒に踊った。

耳馴染みのない洋楽が流れたかと思えば、転じて馴染みの「軍艦マーチ」が鳴り響く。そんな特別仕様の公演に観衆は心酔し、フィナーレでは総立ちとなって拍手喝采。マーカスショウは大盛況のうちに幕を閉じた。

観劇者たちの声

実際にマーカスショウを見た人たちの声が数多く残っている。今回は出来る限りの声を集めてみた。まずは既出の日劇ニュース第十二号『GREATER MARCUS

SHOW』内に各界関係者の所感がまとめて掲載されているので紹介する。日本人の目に、マーカスショウはどのように映ったのだろうか。

中外商業　三月四日所載　足立忠（記者）

『（前略）実に二時間以上に亘るものを、文字通り「息もつかせず」そのエロティシズムとラプソディのなかに観客を完全に巻き込んでしまうのは大したものである』

都新聞　三月五日朝刊所載　小林勇（編集者）

『（前略）おそろしくスピードアップである。殊に驚くのは、チョイとしたデコデコ場面が正に一二分位で閉幕しては次へ次へと移り行くそのテンポの早さ、これでなくてはいけない』

報知新聞　三月十八日朝刊所載　中代富士男（映画プロデューサー）

『（前略）二十六景に挿入された流行歌「さくら音頭」など緩急のテンポで両様の振りを見せたところなどレオン・ミラーの頭脳のさえだ。ちょいとしたものだが、急造してこれだけにまとめあげる振付師は残念ながら宝塚にも松竹にもいない（中略）第二十一景のカリフォルニアの山で、急行列車を思わせる群舞、一転して機関車のヘッド・ライトが見えて、かすかに独唱が起るあたり、一種の詩情が浮び上る』

朝日新聞　三月五日朝刊所載　岩田豊雄（演出家）

『一座のうち、これが中心人物という人はいないが、粒がそろい、種類がそろい、なかなか賑やかである。バレリーナ・ガールス、ファンム・ニュ、アクロバット、歌手狂言回し、喜劇役者等、一切の構成要素に欠くところはない。なかでも振付師兼踊手兼役者のレオン・ミラーの芸が出色で、あのステップなら、どこの大舞台でも買うだろう』

東京日日新聞　三月十八日朝刊所載　三宅英一

『（略）これ程まとまったレビュー団の来朝したことは、最初のことなのであるから、かなり大きなショックと収穫を日本人に与えたことは確である。先ず第一に従来の宝塚・松竹の少女歌劇などのいわゆる『レビュー』がいかにつまらないものであるかということである。あの息もつかせない踊からコミックへ、歌からアクロバティックにアダジオに、変化してゆく舞台面は、ただ踊りと歌の連続にしかすぎないわれわれの概念としてをしえられていたものとくらべて、どんなに面白いかしれない（後略）』

また、のちにＰＣＬ映画製作所の文芸員となる阪田英一も観劇の感想を語っている。

『●マーカス・ショウのポスターは安っぽい、ケバケバしいもので、日本劇場の宣伝からだけで想像するならば、全く一寸去年来たハーゲンベックサーカスを思わせる。

●どうせこけおどかしのもので、エロ本位だろうと思って見物したら、そんなにエロらしい所もなかった。

●アチラではアクロバティックのダンスが流行しているそうで、踊りの殆んど全部がアクロバティックなのは、この舞踊団、マーカスショウなんて言わずに、サーカス・ショウと言った方がいい。

●歌あり踊りあり寸劇あり、そして、これらが如何にも余裕を以て、スラスラ運ばれて行くのは全く彼等の体力によるものなのであろう。
●もし日本人が、あんなに盛沢山のショウを演ずるとするならば、苦しそうで、忙しそうで、見ていて楽しくないものになるのだろうと思う。
●とにかく、今まで日本では見られなかったマーカスショウ。
●そして、このショウでは珍しい事に、男優さんの方が女優さんよりうまい。男優さんの中でも、レオン・ミラーはナンバー・ワンであろう』（阪田英一『温泉屋のジャズ・ソング』四萬館）

マーカスショウ観劇者の声をかき集める中で目立ったのは男優陣に関する指摘で、「日本のレビューにも男優陣の積極的投与が必要だ」という提言がとても多かった。

夏目漱石門家出身で、戦後は文部大臣、学習院院長などを務めた安倍能成もマーカショウを観劇した一人だった。安倍は西洋人の肉体美や所作に興味をそそられたと語る。

『（前略）この一座には美人は殆ど居ない様だが、女も男も肉体美に於て勝れている。

張り切った筋肉を誇る半裸体の騎士の様な男が、抜身の剣を持ったままで活発にすばらしくもんどりを打つのは愉快である。日本の軽業で見る様な妙に陰惨な所がなくていい。女の白い肩、胸、腕、股に青い光がさして、そのむっちりと充実した肉体が鉛色に輝くのには、一種の美しさがあった。概して陽気で楽天的で活力に溢れ、そうしてテンポの極度に速いのは、三流か四流かは知らぬが、アメリカン・レビュウらしいと思った』（安倍能成『静夜集』岩波書店）

「笑いの王国」の古川ロッパもマーカスショウを観劇したそうだが、彼の感想は『人数沢山で賑やかではあるが同じようなものの繰り返しばかりだ。感心するものなし』といったものであった。そのロッパは公演期間中、マーカスショウの男優らと酒を飲み交流を図ったと自身の日記に綴っていた。（古川ロッパ『古川ロッパ昭和日記　戦前篇』晶文社）

弘高の視野を世界に向けたマーカスショウ

第一回公演は「ラ・ヴィ・パリ」、第二回公演は「ブロードウェイ・メリーゴーランド」、第三回公演は「日本の名残り公演」と称して「オー・ベビー」を披露した。マーカスショウはその後、大阪、名古屋と巡演する予定だった。ところが、内務省警護局から警視庁の手を経て、「地方興行を断じて許さず、東京での興行が終わり次第、速やかに出国せよ」との通達がなされた。その理由は一行に発行された旅券が滞在査証ではなく、通過査証であり、それもすでに期限が切れていたためである。

この手続きの不備にはマーカスショウ側の誤算があった。当初は通過査証期間で日本公演を終え、早々に上海、マニラへ向かうつもりだった。しかし、蓋を開けてみると東京公演が大盛況だったため、慌てて地方興行を計画したのであった。

さらにこの問題には強硬な姿勢を取る内務省と比較的寛容な姿勢の外務省の対立もあった。東京朝日新聞（昭和九年四月十日）が双方の言い分を伝える。

内務省の言い分

『本来なら通過査証だけでは、興行などは許さないのであるが短時日の間だけというので特に許可した次第であり、査証の期限が切れてからも興行させている我々は非常に寛大な態度をとっている、これ以上のことを許すと、まるで日本には取締りの法律がないことになる、これを先例に取られては困るから、マーカス氏には絶対に地方巡業を許さないと申し渡したのである、アメリカでは、日本人に対して極めて厳重なのであるからこの際、日本ばかり甘くすることは要らない、一人二人なら兎も角六十名もが一度に日本の法律を無視しては困る』

外務省の言い分

『別にアメリカ大使館から公式にいって来た訳ではないが非公式に何とかしてやってくれないかといった意味の話があった、アメリカで滞在査証を取らないで通過査証を取ったという手続き上のことであるから、この際そんな小さなことに、こだわるのは良くない、もっと我々は大きな所に目をつけたいものである、アメリカが厳重だから、こっちも厳重にするという、厳重戦争になると、損をするのはアメリカ人ではなく、日本人である。現にロシアの如きは、曾ては比較的寛大だった査証が最近は非常に厳しくなって来た、先方の理由とするところは、日本の方で厳重にやるから、その反報だというのである』

弘高は両者の板挟みに合いながらも話をまとめ、ひとまず東京公演が終わり次第、マーカスショウ一行を上海へ向かわせ、その後、旅券の整備を完了させた八月、再び大阪に上陸させた。

八月二十八日から千日前「歌舞伎座」、続いて名古屋でも公演を行い、日本でのマーカスショウ公演は終焉を迎えた。

マーカスショウの座員たちは終日、当局の厳しいマークに晒されていたが、最後は笑顔で日本を離れていった。座員たちにとってみれば、世界一周を目標とする中で、ふと立ち寄った極東のうちの一カ国かもしれない。だが、弘高にとってみれば、それはこれまでの人生で最も密度の濃い期間であった。弘高は座員たちを乗せた船が汽笛を鳴らして横浜港を出ていく瞬間、思わず、胸に込み上げるものがあった。

「サンキュー、マーカス！　シーユーアゲイン！」

弘高は惜別の英語を横浜の空に向かって言った。

マーカスショウの離日エピソードとして一つ加えておくと、彼らは東京滞在中に布地を大量に買い込み、日劇の地下にミシンを数十台並べて衣装に仕立てて持ち去ったという。こうすることで輸入税をかけることなく、日本の生地を持ち帰ることができたそうだ。

マーカスショウは日本を去ったが、『キネマ週報』（東京キネマ週報社）によると、一九三五（昭和十）年には『映画になった「マーカスショウ」』の触れ込みで、公演の様子を収めた映画『マーカスショウ』（三映社提供）が名古屋松竹座で封切られるなど、その余波はまだまだ続いていた。

さらにマーカスショウは他の興行会社を刺激した。吉本興業がマーカスショウを招いてすぐ、松竹がウィーン芸術舞踊団を招聘して帝国劇場で公演を行っているし、松竹歌劇ではマーカスショウがフィナーレで合唱した「サヨなら、また会いましょう」（グッドバイ、シー・ユー・アゲイン）の曲が常用されることになった。ムーラン・ルージュでも「ゴ」の字を小さく書いた「ゴマーカス・ショー」というものを上演し大当たりさせるなど、便乗した企画も生まれた。

また、マーカスショウ以降、「パンテージショウ」「オールスターショウ」「パラマウントショウ」「ナインオクロックショウ」など多くの外国レビュー団が来日したが、いずれもマーカスショウ以上の話題にはならなかったという。

吉本興業でもマーカスショウに続けと、一九三七（昭和十二）年にラーテスショウ、一九三九（昭和十四）年には再びマーカスショウを招聘しようと試みた記録があった。

実は、弘高はマーカスショウが来日中、マネージャーのチャールズ・ヒューゴーと会談し、共同で「娯楽演芸社」という新会社を組織。両者の保有する劇団の交換を行なう契約を成立させている。

さらに、交流という意味では公演期間中に起きた函館大火に際し、マーカスショウ側が同情義援金として全員の名義で一千円を寄託するなど、決して世間から手放しで歓迎されているとはいえない状況であったが、積極的に交流を図ろうとしていた。

そして、当時のマーカスショウの団員の中にはその後、ハリウッドスターとなるダニー・ケイもいた。キャスリン・ヤング、デイブ・ハ・バーの二人と組み、ダンス・トリオとして活躍したダニー・ケイ。大阪公演の際は室戸台風の影響で停電に陥った舞台上で、手に持ったローソクで自身を照らし、パントマイムや顔芸、踊りを披露して時間を持たせたという話が『シネマ今昔問答』（和田誠　新書館）の中で紹介されている。そんな彼はのちに『ホワイト・クリスマス』『虹をつかむ男』などの作品に出演し、コミカルな演技で人気を博した。

そのダニー・ケイが大スターとなって再来日を果たした時があった。彼はその時、マーカスショウで来日した際に食べた鴨南蛮そばの味が忘れられないといって、近所のそば屋に立ち寄ったそうだ。

また、マーカスショウの看板俳優であったベン・マッカティが再来日した際は、弘高と再会し、一緒に食事をしながら当時の思い出にふけるなど、マーカスショウは東京吉本にとって極めて縁深い公演となった。

入社以来、弘高にとってここまで濃密な仕事はなかった。長期間、身近で世界を体感できた経験は弘高の視野をグイッと世界に向ける要因にもなった。そのキッカケを与えてくれた姉や兄、そして、すでに他界した義兄の泰三には感謝であった。

吉本興業創業のはなし

吉本興業は弘高にとって自身の理想を叶えさせてくれる組織であった。その会社はいかにして生まれたのか。創業までの道のりを見ていきたい。

吉本興業の創業者、吉本泰三は一八八六（明治十九）年に大阪市南区東清水町（当時）で生まれた。残されていた戸籍上の本籍地を現在の地図に当てはめると、そこにはちょうど大阪府南警察署が建つ。戦前の本籍地は原則として実際に暮らしていた場所を記すため、南警察署が、創業者の生まれた場所ということになる。

南区東清水町はグリコのネオンで有名な道頓堀の戎橋から約四〇〇メートル北上したところにある。東西南北を堀川で囲まれた、いわゆる島之内界隈にあり、その当時、界隈の北では職人たちが暖簾を並べ、南では旦那衆たちが集う色街が形成されていた。決して広くない範囲であるが、泰三はそんな上品でしっとりした場所で育った。

吉本家は東清水町で老舗の荒物問屋「箸吉」を経営していた。泰三の父親が四代目であるため、その歴史は江戸時代にまで遡ることができる。また、同じ東清水町には泰三の伯父と思われる人物が金物屋「釘吉」を経営していたことからも、同町が吉本家にとってどれほど縁の深い土地であったかがわかる。

泰三には兄（吉三郎）もいたが、早逝したため、次男の泰三が「箸吉」の五代目として期待され、老舗の跡取り息子として、同じ東清水町の旦那衆たちからも可愛がられた。

しかし、泰三が二十歳の頃にその故郷から「箸吉」は移転することになる。理由は隣接していた南警察署の敷地拡張による立ち退きであった。この時、父親が移転先に選んだのは泰三の継母・松本ユキの実家（空家）だった。実母（ミネ）は泰三が七歳の時に亡くなっており、その後はユキが泰三の面倒を見ていた。

新天地は故郷から約二キロ北東の東区内本町橋詰町。文字通り東横堀川に掛かる本町橋の橋詰にある町だ。東に一キロ行くと大阪城があるこの町は一七六七（明和四年）に新築地され、待合などができた明治以降は遊郭のある松島に対し、小松島と呼ばれた。江戸時代（享保の大火後）には西町奉行所が置かれ、長きにわたって大阪市政の中心地でもあった。

「箸吉」は日用荒物の卸と小売の両方を営んでいた。弘高の兄、林正之助は晩年に過去を振り返った際、小学生の頃に「箸吉近くの本町橋から神戸に向けて風呂桶を運ぶ義兄（泰三）の姿を見た」と証言している。

そんな正之助と弘高の姉である林せい（十八歳）が「箸吉」の跡取り、吉本泰三（二十一歳）に嫁いだのは一九〇七（明治四十）年十二月のこと。この年はちょうど弘高が生まれた年でもあった。

せいは内本町橋詰町で泰三の両親および弟たちと共に暮らし始めたが、そこで待っていたのは姑（松本ユキ）による嫁いびりだった。せいは頭がよく、嫁入り前には堂島きっての株の仲買人「島徳三」や、大阪を代表する両替商「鴻池」といった富豪の下で女中奉公していたため、何ごとも器用にこなせた優秀な嫁だった。しかし、そんなせいに対しても、姑のユキは事あるごとに小言をぶつけた。

一方その頃、夫の泰三は芸人道楽に溺れていた。家業の手伝いはそっちのけで放蕩に明け暮れ、家を空ける日を続けていたといわれている。

泰三は当時、剣舞に凝っていた。流行に乗じて覚えたのが病みつきとなり、次第に人前で披露する喜びを覚え、終いには芝居の太夫元となって地方巡業を繰り返すようになった。これには泰三自身もユキと関係が悪く、家に帰ることを拒んでいたという話もある。

そんな泰三が父親から家督を継いだのは、せいが嫁いでから三年半が経った頃。翌月には名跡「吉兵衛（五代目）」の名を襲名したが、芸人道楽は家督を継いでも止まず、次第に資金も底をつき、「箸吉」は泰三が主人になってわずか数カ月で廃業することになる。

江戸時代から続いた老舗の廃業ともなれば世間体もいささか悪く、故郷の東清水町でも泰三の悪評が飛び回った。そんな地に堕ちた吉本の名を再興すべく、背水の陣で始めたのが寄席経営（吉本興業の創業）である。

と、これまで語り継がれてきたが、資料によっては異なった見方もできる。

手元に泰三が「箸吉」の主人になってすぐ（明治四十四年九月）の信用情報記録（『明治大正期　商工資産信用録』クロスカルチャー出版）がある。これは商業興信所が身元信用や営業状況をまとめたものだ。

これによると、当時の「箸吉」の信用度は「最厚」「厚」「普通」「薄」「無」の五段階のうち「普通」。正味身代（資産）はいろは順で数えた二十段階のうち「た」とある。「た」とは三千円以上五千円未満の資産があることを示しており、それは同業他者と比べると良い評価であった。

この興信所の審問を受けるためには年二百円の加盟金を支払わなければならない。また、当時の教員の初任給が十二円程度であることを考えれば、三千円から五千円という額は教員の二十年分以上の年収に匹敵するものであり、かなりの資産であったと考えられる。

にもかかわらず、泰三がこの調査から半年足らずで「箸吉」を廃業させたというのであれば、それは相当な散財をしたことになる。だが、そうでないとすると、泰三は自らの意志で荒物屋を廃業させた可能性もあるのだ。

当時の日本の景気は下向きで、貸し倒れが年々増加していた。泰三にとってみれば、そんなご時世に荒物商など少しの面白みもなく、家業そっちのけで一座を組み、旅巡業に繰り出すほうがよっぽど熱が入った。さらに「箸吉」は泰三が家督相続して間もなく、市電敷設のため、内本町橋詰町を立ち退きになるという不運も重なった。

泰三は老舗の荒物問屋「箸吉」を廃業し、興行師となることを決める。その決断を後押ししたのは時たま言われる「妻に説得されて」という作り話を根拠にしたものではない。

「荒物屋なんて先細りや。そんなもん辞めて寄席経営やるで。わしやったら絶対に上方演芸界を制覇できる！」

という自信と野望だった。

しかし、泰三のその選択は老舗を守り続けてきた父親の勘気に触れた。

「先祖の顔に泥を塗りやがって。末代までの恥じゃ！」

と泰三は迫られた。興行師や芸人という職業は古くから河原乞食と蔑まれてきた。父親は自分の倅が老舗の暖簾を下ろしただけでなく、身分の低い職業に成り下がることが許せなかったのだ。そのため、彼は襲名したばかりの名跡「吉兵衛」を返還せざるを得なくなった。

その後、両親は泰三の異母弟を頼って家を出たと、正之助が証言する。

『泰三には弟がひとりいましてね。日本橋にムコ入りしていましたが、両親はそれをたよって逃げていきました』（『読売新聞』昭和四十二年五月二十六日）

十三年で四十の小屋を残した吉本泰三

吉本弥兵衛とは別にもう一人、泰三には婿入り先（日本橋御蔵跡町の出来亀蔵）で「出来幸三郎」という名前を持つ弟がいた。両親は泰三ではなく彼の下に身を寄せた。泰三も実家を飛び出した。妻のせいと一歳半の娘を連れて大阪天満宮裏門付近に移り住み、向かいにあった寄席小屋「第二文芸館」の経営に携わる。それは一九一二（明治四十五）年四月一日、泰三が二十六歳、せいが二十三歳の年であった。これが吉本興業のはじまりだといわれている。

まだ、五歳だった弘高にとって当時、姉のせいがこのような境遇にあったことなどまったく理解していなかっただろう。

そして、創業から六年が経ったある日、泰三は故郷である東清水町に帰ることを決める。寄席経営で大成功を収めた泰三は、その成功を引っさげ、故郷に蔓延した汚名を返上するべく凱旋を決意したのである。

「これまでは陰口叩かれてばっかりやったけど、明日からは胸を張って堂々と故郷を歩いてやる」

泰三はこの時、同町で金物屋「釘吉」を営む伯父を頼って故郷凱旋を果たす。実は吉本せいをモデルにしたとされる山崎豊子の直木賞受賞作『花のれん』にも、金物屋の伯父の話が存在するのだが、泰三が東清水町に凱旋する際に頼ったこの伯父の名前は「吉川吉兵衛」といった。吉本家の名跡「吉本吉兵衛」とは苗字が一文字だけ違うが、これは明治初期、大阪の商家には分家に際して苗字の一文字を変える慣わしがあったらしく、その事例の一つであると思われる。伯父の吉川吉兵衛は「箸吉」の分家「釘吉」として、古くから東清水町に暮らしていたのだ。

さて、泰三は一九一七（大正六）年、かつて老舗の荒物問屋を営み、吉本の名前を広く売っていた故郷に帰ってきた。一時は悪評が出回り、後ろ指をさされることもあったが、凱旋時には「吉本さんとこの倅が立派になって戻ってきはったで」「箸吉のボンボンが、えらい大物になっとるぞ」と持て囃され、泰三は気分よく町を闊歩した。

翌年には一つ筋違いの笠屋町に本宅兼事務所も設ける。町名こそ違えど、幼少期に育った故郷周辺はどこも庭みたいなものだ。本宅兼事務所は池付き庭の立派な建物で、泰三は縁側に椅子を並べ、その庭を駆け回る娘の姿を見ることが日々の癒しとなった。

さらに五年後の一九二三（大正十二）年には、とうとう東清水町にも事務所を構え、以降、戦前の吉本は笠屋町と東清水町からその名を全国に轟かせていく。

同町の土地台帳を遡ると、その後、吉本家は東清水町に三つもの土地を買っていた。そのことからも、いかに故郷への復帰が泰三の念願であったかがわかる。このことについて、吉本家の吉本公一氏（大成土地株式会社社長）は次のように語った。

「東清水町の土地は何があっても手放してはいけない。そう代々言い伝えられている」

そんな故郷の東清水町（現：東心斎橋一丁目）では現在も吉本家が本拠を構え、親族が吉本興業の関連会社を経営している。

東清水町に事務所を設けて以降、泰三は故郷で我が世の春を謳歌していた。妻のせいも病気療養から復帰し、一九二三（大正十二）年の暮れには待望の息子、泰典が誕生するなど吉本家は前途洋洋だった。

ところが、創業十三年目の春を前に泰三は死んでしまう。一九二四（大正十三）年二月十三日。死因は脳溢血。まだ幼い泰典が家督を継いだが、寄席経営云々の舵取りはせい、正之助、そして、のちに加入する弘高らの手に委ねられた。

泰三が亡くなった時、弘高は中央大学専門部進学の目前だった。翌月には東京へ向かう予定だったため、その準備に明け暮れていた最中の訃報であった。

泰三は創業以来、小屋の買収に奔走し、亡くなった一九二四（大正十三）年までに約四十の小屋を傘下に収めていた。内訳は次の通り。

大阪（二十三）、京都（六）、奈良・高田（一）、兵庫（三）、東京（一）、横浜（二）、名古屋（一）、岐阜（一）、岡山（一）。

一九二一（大正十）年十一月には東京・神田の「川竹亭」を六万四千円で買収し、「神田花月」と改めて東京進出を果しており、翌年五月には横浜伊勢佐木町の「新富亭」を「横浜花月亭」と改め開場している。横浜では同時に「横浜新寿亭」を経営するなど、泰三は創業からわずか十年で関東進出の基盤まで整えていた。

泰三が築き上げた土台について、吉本公一社長は、

「いったいどのような手段を使えばこれほどまでに拡大できたのか。その財テク、経営センスについて知れるものなら知りたいものです」

と興味津々だった。

大将を亡くした姉を支えた正之助と弘高

しかし、そんな大将を亡くした吉本興行部に対し、世間の評価は厳しかった。

「吉本さんはもう終わりや。未亡人ではこの興行という特殊な世界を生き残っていけるわけがない」

そんな声が圧倒的多数を占めた。吉本せい三十五歳。十歳と四歳の娘に、生後半年の息子までいた。そんな中で育児と寄席経営の両方をこなすなど不可能に近かった。

しかし、吉本興業はすでに五百人以上の芸人を束ねる興行会社。せいは泰三という男に魅せられた芸人たちをどうしても路頭に迷わせる選択はできなかった。

泰三に代わって代表になったせいが抱いていた思いは「夫が創り上げた組織を守っていく」ただそれだけであった。そんな彼女の傍らには正之助をはじめ優秀な部下が揃っていた。

正之助は「子どもを残したまま、夫に先立たれてもなお、経営継続に踏み切った姉を尊敬した」と当時を振り返る。また、自身にも泰三から後継者として大切に扱われた恩義と自覚があった。正之助は姉を支えるため、義兄の期待に応えるため、組織の先鋒となった。

「姉さん、これから先は寄席経営だけしてたら仕舞いや。もっとバラエティに富んだ、笑いあり芝居あり漫才ありの総合総社にならなあきまへん」

元号が昭和と改まったこの頃、街には西洋文化が溢れていた。「モボ（モダンボーイ）」「モガ（モダンガール）」と呼ばれる若者が往来し、演芸界でも近代化の必要性が叫ばれていた。

せいは正之助の訴えに対し、即座に呼応した。

「そしたら弘高を呼ぶ。西はあんた、東はあの子に任せる」

せいは今後の吉本興業には弘高の存在が必要だと考えた。幼少期から可愛がってきた弟であれば意のままに動かすことも出来るし、大学専門部卒の能力も伊達ではない。なにより東京での生活実績がある弘高は今後の飛躍には欠かせない人員であった。

夫との死別という窮地にありながら、せいはみるみると頭角を現し、従来から持ち合わせていた商売勘の良さと先見の明によって時代を切り開いていく。そんな彼女の才覚は阪急グループの創始者・小林一三が線路を敷く際、意見を求めたといわれるほどである。
そのせいを描いた山崎豊子は『花のれん』を上梓した際、執筆動機を次のように語っていた。

『〝おんな〟でなしに〝おなご〟と呼ばれる大阪の女、おそろしく生活力が強く、どんな窮地におちいってもへこたれることなく、雄々しく生き抜いていく〝おなご〟を書きたかった。せいは偉大なその〝おなご〟、しかも大阪商人のど根性を持った〝おなご〟ですよ』（朝日新聞社『いまに生きる　なにわの人びと』）

そんなせいを支えるべく、二人の弟、正之助と弘高も活躍した。さらなる飛躍を期す大阪吉本では正之助が、漫才の近代化を進め、近代漫才の祖とも呼ばれる、横山エンタツ・花菱アチャコの「しゃべくり漫才」を生み出し演芸界を席巻。一方の東京では弘高が、マーカスショウの招聘を成功させ、社格を大いに上げる活躍を見せる。前出の旗一兵の言葉を借りれば次のような評価になる。

『「マーカス」の興行経験により、漫才会社の吉本興業は大躍進して「吉本ショウ」を新編成してレビュー界の第一線へ進出するとともに、東宝と提携して爆笑映画や丸ノ内の実演へ乗り出して気を吐いた』（前掲）

浅草と千日前に劇場を建てたい

吉本興業は百花繚乱の時代に突入し、事務所では、にわかに大劇場建設の話題が飛び交うようになっていた。

その発信元はせいである。東西の二大繁華街・浅草と千日前に吉本興業の旗艦劇場を建てたい。それがせいの野望であった。

「姉様、大劇場を建てるって本当ですか？」

大阪に来ていた弘高がせいに尋ねた。弘高は舶来生地のスーツに身を包み、ほのかに香る香水を振っていたため、通りすがる女中はついうっとりした顔で弘高を見やった。一方、せいの白檀の匂いが染み付いた着物姿は昔から変わらない。

「本当だす。うちの象徴となる劇場を千日前と浅草に建てようと思うてます」

「そうですか！」

「浅草はあんたに任せるつもりやけど、ええな？」

弘高は二つ返事で承諾するや、姉に期待されているという嬉しさが込み上げてきた。さらに話を聞けば、これは姉の長年の野望なのだという。気合が入らないわけがない。せいは浅草だけでなく、千日前にも大劇場を建てる計画を立てていた。すでに千日前に獲得した土地（約一千坪）があり、その管理を虎屋信託という会社に任せていた。

「姉様の頼み事や、なにがあっても成功させてみせる！」

「頼みましたで。わては今からその件で順慶町の虎屋信託さんに行ってくるさかい、気をつけて東京に帰りなさいや」

せいの大劇場建設計画は吉本興業の発展を象徴するものであると共に、自身の名誉のためでもあった。

実は創業当時のせいは興行の世界に飛び込むことを嫌っていた。老舗の荒物問屋に嫁いだはずが、知らぬうちに身も心も興行界にどっぷりと浸かる羽目になった。河原乞食と蔑視の対象にあったその職業は本来、真面目で仕事熱心な彼女にとって望ましいものではなかったのだ。

そのため、せいはそうしたイメージを払拭するためにもがいた。一九二八(昭和三)年には日赤事業団への寄贈を讃えられ、紺綬褒章を授章しているし、一九三四(昭和九)年にも篤志家として大阪府から褒状を授かっている。また、あるときは日露戦争の英雄、東郷平八郎元帥に五千円を寄付し、その礼として東郷から椅子を賜っている。だが、前出の矢野誠一氏曰く、こうした奉仕活動のすべてが世間に対する一種のポーズであったという。

『夫を失ったとき以上の財産を手にした吉本せいが、いちばんほしかったものは、「ほんとうの名誉」であった。それはなかんずく「社会的地位」に通じるもので、これればかりは夫の吉兵衛すら得ることのできなかったものである。各方面に多額の寄付をしたのは、褒状にいう「公共慈善ノ至情ヲ盡」したのではなく、ほしかった名誉とステータスのために金を投じただけのことである』(前掲)

奉仕活動は個人の名誉であると同時に、会社のイメージ戦略にも有効であった。そのため、矢野氏は「せいは世間から水商売と同列の虚業としか見られていない寄席経営の価値を高めることを意図した」と説明している。

そんな思惑の下に、せいの野望、東西の二大歓楽街における大劇場建設計画がいよいよ動き出す。時代をいえば、一九三四（昭和九）年から一九三五（昭和十）年のことである。

千日前のそれは姉と兄に任せ、弘高は浅草における大劇場建設計画を主導することになった。

「これまで姉様から受けてきた大恩を返すには絶好の機会や」

そう思った弘高は居ても立ってもいられず、汽車の中でさっそく事業計画を練り始めた。

(上)吉本泰三と吉本せい（中央)、その手前に娘二人。林正之助（右端）の姿も
(下)吉本興業創業の地・第二文芸館

関西甲種商業学校時代
（左から二人目が弘高）

若い頃の林弘高

(上)浅草の萬成座 (下)江戸っ子たちのド肝を抜いたロボット劇

中央大学専門部時代の林弘高（右）

日本のショウビズ界に大きなインパクトを与えたマーカスショウ

惜しまれつつ日本を去るマーカスショウ一行

第二章

大劇場建設物語

浅草の大劇場建設計画

一九二八(昭和三)年の入社以来、姉に認められたくて、そして、驚かせたい一心で駆け抜けてきた。

「弘高、ようやってくれた。これでようやく東京にも吉本の名前が広まった。おおきに」

「よしてください姉様、礼を言いたいのはこっちの方です。こない華やかな世界に誘ってもらえて、わしはほんまに幸せもんですわ。それもひとえに姉様、兄様、義兄様の土台があってこそ。その土台の上でわしは走り回っとるだけでっさかい――」

ただ、いずれはわしも独り立ちして――。そう言いかけた言葉をグッと飲み込む。

弘高の頭の中では、すでに未来のビジョンが構築されつつあった。しかし、その前にやらなければならないことがあった。

「姉様、浅草の大劇場の件は滞りなく進んどりますので、ご安心を」

「さよか。しっかり頼むで」

姉にとって念願の大劇場建設。それは弘高にとっても次のステージへ進むためには欠かせない最重要課題であった。

実はこの大劇場について、建設場所を一時、新宿にする動きもあった。千日前と新宿に大劇場を建てる。そんな現代の光景を映し出すような話が戦前の一九三四（昭和九）年に、にわかに挙がっていたのだ。時期はちょうどマーカスショウが去った直後のことである。

新宿は関東大震災以降、山手線と中央線が交差する場所であり、また、私鉄沿線のターミナル駅でもあったことから、瞬く間に都内有数の歓楽街として目覚ましい成長を遂げた。そんな新宿は現在、吉本興業が東京本部を置き、旗艦劇場「ルミネ the よしもと」を構える東の本拠地である。そんな縁ある土地に、吉本興業は戦前から関心を示していた。一九三四（昭和九年）の新聞記事に『吉本興行部 新宿進出か』の見出しが躍る。

『例のマーカス・ショウ招聘の大役を完全に果たした吉本興行部、これによって非常な自信を得たと同時にその経営にかかる萬成座、昭和座、花月、新宿末廣等は小屋小なりと雖もともあれ経営よろしきを得て相当な利益をあげているので、今度は更にこれらの外大劇場の経営にも乗出すべく用意を整えている模様である、目下のところ小屋借で行くか又は新設で華々しく進出するかは確定を見ない様子であるが、同興行部の望みは丸の内より、築地より、新興市街新宿にあるらしく、今興行界で狙っている伊勢丹脇の市電車庫跡を秘密裏に当たっているのは事実である。

何しろ吉本女社長の有する私財だけでも四、五百万円と取り沙汰されて今関西興行界では隠然たる勢力をもっている同興行部のこととて本気でやるときには案外簡単にその手に落ちるであろうが、とにかく同興行部が大劇場経営に割り込まんとしていることは他の大劇場にとって「一大敵国の出現」たることを失わず、同興行部こん後の躍進は早くも演劇界にセンセーションを巻き起こしている訳である』（『都新聞』昭和九年四月五日）

とにかく姉のせいはこの時、大劇場を建設したくてしかたがなかった。結果的に新宿での大劇場建設は見送られ、吉本の新宿進出は新宿帝国館を借りることで話がつき、東京における大劇場建設は浅草に決まった。やはり、当時の東京で大劇場を建てようとした場合、選択肢は浅草以外に他はなかったのである。

浅草に大劇場の建設を決めた弘高。完成した姿を早く姉に拝ませてやりたい。そして、幼少期から受けてきた恩を返したい。十八も歳が離れているためか、その思いは兄弟孝行というよりも、むしろ親孝行に似た感情であった。


大劇場建設の一方で、マーカスショウが去ったあと、弘高はこれまた伝え聞いたある話に関心を示した。それは大日本東京野球倶楽部（のちの読売巨人軍）への出資話である。『東京読売巨人軍50年史』（東京読売巨人軍）によれば、吉本興業は弘高の発案から一九三四（昭和九）年創設の大日本東京野球倶楽部に出資し、株式（二百株）を保有していた。

当時の東京といえば、六大学野球全盛の時代であり、漫才のエンタツ・アチャコがブレイクしたのも『早慶戦』という大学野球を題材にしたことがきっかけである。野球に興味を持った弘高は自身でも草野球チームを作り、所属の芸人や俳優らと汗を流して親睦を深めた。

そんな父について、英之さんは親子でキャッチボールをした過去を懐かしみ、当時、家にベーブ・ルースのサインボールがあったことを思い出した。ベーブ・ルースが来日したのは一九三四（昭和九）年十一月のこと。弘高はこの時にサインボールをもらい、自宅に飾ったのだろう。

当時の自宅は浅草の言問橋から引っ越し、上野の桜木町にあった。桜木町には文学者が多く、川端康成も近所に住んでいた。川端は大の浅草好きだった。見世物小屋は片っ端から覗き見歩いたといい、一九三〇（昭和五）年には浅草に生きる人たちの情景を描いた長編小説『浅草紅団』を発表している。そんな彼の自宅には浅草の舞台に立つ女優たちが出入りし、いつも賑わっていたそうだ。

上野から浅草まで地下鉄が開通したのは一九二七（昭和二）年。日本初の地下鉄であり、距離は約二キロだった。弘高は時に地下鉄で、時に車で、時に徒歩で浅草に通った。

吉本興業が創業した明治末期、東京の興行施設の大半は浅草公園六区に集中していた。それが大正期になると、浅草オペラに加えて活動写真が隆盛を極め、学生、作家、芸人、俳優、音楽家たちがこぞって足を運ぶ街となった。

昭和に入ると、浅草ではレビューが盛り上がり、刺激を受けた弘高もショウ劇団の結成準備を進めた。そんな折に姉から託された大劇場建設の使命はとても夢の膨らむ話であった。

浅草六区の雑踏は現在の新宿にも勝ると当時を知る人は言う。洋装の成人は卵売から買ったゆで卵を頬張りながら劇場を覗き見し、ブロマイド屋では丸刈りの学生たちが鼻の下を伸ばした。着物に角帯を巻き、頭にハンチング帽を被るのは商家の店員たち。流行に敏感な者は麦わらのカンカン帽を被っている。よそ行きの洋服を着せられた子どもはキョロキョロと辺りを見渡し、その手を引く母親は背負った赤子を時折あやしながら浅草を歩いた。

そんな浅草での大劇場建設計画は着々と進み、一九三五（昭和十）年にはひょうたん池の畔にある「東京館」を買収し新築工事を始めた。そこはこれまで東京吉本が拠点としてきた萬成座の横隣であった。

東京花月劇場誕生

一九三五（昭和十）年十一月、浅草に地下二階、地上四階となる大劇場が完成。定員は一階が三七六人、二階が二八八人の計六六四人。劇場名は「東京花月劇場」と名付けた。

弘高は大阪に先駆けて姉の野望を叶えることに成功してみせたのだった。

当時、吉本興業が発行していた広報誌『ヨシモト』に弘高が開場にあたって言葉を寄せている。そこで弘高は大衆娯楽の先駆開拓を目指す吉本興業の姿勢（大衆第一主義）を力強く代弁した。


『東京花月劇場も、ここに、やっと竣成致しました。

「吉本」が東京に於ける歓楽地帯、浅草興行陣の本拠として私達の抱負なり希望を実現させる活舞台として、今後の御助援を御願いし、御期待を乞うものです。

私達は、時代は何を求めているか、何を提供すればよいかと言う事を、寸時も忘れず大衆と共に真摯なる研究をなし、今日まで私達「吉本」の方針は、それがために、大衆の前に成功し得た事を経験しました。

大衆の娯楽欲も十人十色、その誰もに満足して貰えるものの提供にあります。そしてどんな要求にも応じ得るだけの用意がある事を誇りとしています。いやしくも大衆の意志と背馳するようなことは、「吉本」の最も排斥する所であります。花月劇場は、此の吉本の政策発表機関の一つであり、大衆への責任を具体化す私達の研究室であります。

重ねて御後援を願い、厳正なる御批判を待つ次第であります』（『ヨシモト』昭和十年十二月号）

実はのちにこの言葉に似た文言を使った人がいた。それは林裕章（吉本興業元社長）である。正之助の娘婿である裕章元社長（故人）は生前、次のように語っていた。「劇場はなにをしても儲かりません。これだけは自信があります。それでも尚、吉本が劇場運営に力を注ぐのは、小屋こそが研究と開発の場になるからです。劇場にかかる資金は研究開発費。そう心得ているからです」（増田正晶『吉本興業の正体』参考）

そう語る裕章元社長は、戦後の一九八〇年から一九九〇年代にかけて再び東京進出を企てた人物でもある。

東京花月劇場では開場の三日前に披露式が行なわれ、兄の正之助も出席した。せいは事情があって出席できなかったが、正之助が姉に代わって東京花月劇場が創業以来の夢であったと語った。

しかしこの時、兄の正之助は複雑な心境であった。なぜなら、同時に進めていた大阪・千日前の大劇場建設が諸事情により建設延期の事態に陥っていたためである。千日前での計画が暗礁に乗り上げたことは大阪吉本に影を落とし、正之助にしても東京花月劇場の産声を素直に聞いて喜べる状況になかったのである。

とはいえ、劇場が出来上がった以上、弘高はその責任者として、大阪の顔色ばかり伺ってもいられなかった。弘高にだって大阪に対する対抗意識はある。そのため、披露式が終わると正之助に対し、

「兄様、こっちはこっちで好きにやらせてもらいますよ」

と弘高は念を押した。逐一口出しされていては良い劇場も作るに作れないからだ。

「劇団の準備は進んでるんか？」

正之助が訊いた。

「はい。メンバー数は少ないですが、マーカスショウの経験も踏まえ、万全を期した劇団に仕上がりつつあります」

「さよか。まあ、好きにやったらええがな。その代わり、赤字は出すなよ」

正之助はただ端的に核心だけをついた。

「それと、姉さんのことは心配すな。わしに任せとけ」

最後に兄っぽい言葉を残した正之助はその足で東京駅へ向かった。本来であれば飯田橋にある自宅に宿泊し、三日後の開場公演も見て帰る予定だったが、この日は急用が入ったため、帰阪することになったのである。

近代建築の粋を集めた東京花月劇場は近代美に溢れ、舞台設備も万全を期した。

十一月二十日の開場記念公演は『東京にはじめて生まれた映画と漫才とレビューの総合劇場』と銘打たれた。

記念公演はマーカスショウにも出演した松井翠声が司会進行を務め、トップバッターとして剣劇の梅沢昇が登場した。梅沢が剣三番叟を熱演すると、今度は朝鮮（現・大韓民国）から連れてきた舞姫、裴亀子が舞台に立つ。裴亀子は洪清子、裴龍子、裴淑子、李徳子ら三十余名からなる楽劇団を引き連れ、見事な朝鮮舞踊を披露し会場を盛り上げると、続いて新国劇出身の金平軍之助が座長を務めるピッコロ座が登場した。

その後、東京の人気者、永田キング・ミスペテ子の漫劇、大阪から来た人気漫才師の花菱アチャコ・千歳家今男、東京吉本の看板、柳家三亀松らが立て続けに出演し、大盛況となった。またこの時、吉本興業と提携したばかりのポリドールからも東海林太郎や新橋喜代三、日本橋きみ栄、ポリドール・リズム・ボーイズなどの人気歌手が出演し、記念公演に華を添えた。

初日を終わらせた弘高は、翌日、幹部会議の冒頭で静かに語った。

「これからが東京吉本における正念場です。今までは大阪と足並みを揃えるようにやってきたが、花月劇場が出来た今、よそ見をしている余裕はない。我々東京吉本は東京のことだけに集中してやっていこう」

マーカスショウ以降、東京吉本といえばマーカスショウを招聘した存在として認識が広まり、まだまだ新興の存在でありながらも、その動向は斯界から一目置かれていた。そんな状況下において、大阪の興行事情を汲むよりも、日夜、入り込んでくる東京の興行事情に集中する方が弘高にとっては大事だったのだ。

歌あり、踊りあり、コントあり、これが吉本ショウだ

東京花月劇場開場記念公演のメインを飾ったのは「吉本ショウ」と名付けた劇団だった。『笑とスリルとジャズの超特急』と銘打った吉本ショウは全十七景、合計四時間を超える熱演を披露したが、これこそ、弘高が心血注いで創り上げた劇団であった。ショウに傾倒していった弘高が、世間を一世風靡し、日本に多大な影響をもたらしたマーカスショウから、インスパイアを受けないわけがなかった。

「わが吉本ショウにアメリカの血、つまりはマーカスショウのエッセンスを加えよう！」

マーカスショウ離日後、弘高は自身の体から溢れ出る熱情を吉本ショウに傾注した。

吉本ショウの母体となったのは、一九三三（昭和八）年二月に横浜花月劇場で旗揚げした歌劇団「グラン・テッカール」一座である。弘高は一九三四（昭和九）年に萬成座を直営のレビュー劇場に改めると、そのメインにグラン・テッカールを据えたのだ。団員は約四十人。その中には戦後、美空ひばりの師匠と称される川田義雄（戦後

に川田晴久と改名）もいた。

ところが、グラン・テッカールは一九三五（昭和十）年二月末日をもって解散してしまう。これには萬成座の賃貸問題が関連しており、弘高は毎月、持ち主から二千七百円で賃貸していたが、折り合いが悪くなり、二月いっぱいで休演せざるを得なくなったのだ。

突然の解散通告であったが、川田義雄を含む数名の俳優と作家は残留し、吉本興業に正式加入する。そして、ほかの一座の役者や踊り子を加えた混声チームを編成すると、大阪、横浜の劇場に出演した。

一同は踊り子を募集する傍ら、ダンス、歌、コント、アクロバットなど総合的なレベルアップを図った。しかしメンバーはたったの十数人。また、拠点とした横浜花月劇場の舞台設備は乏しく、内容も不十分にならざるを得なかった。

そんな苦境の中でも気を吐いたのが弘高だった。マーカスショウに魂を揺さぶられた弘高は劇団の総指揮を執り、何度も企画会議を重ねた。弘高は当時、富士見町にあった支社を一時的に浅草六区へ移すほどの力の入れようであった。

「なんでそんな踊りになるんや！　そんなんじゃ、吉本の恥だぞ！」

弘高が理想としたのはマーカスショウの演出家、レオン・ミラーが持っていたあの熱量である。朝起きてから夜中まで練習に付き合っていた彼の姿は弘高の手本となった。

東京支社は一丸となって形式の追求に取り組み、弘高も四六時中頭の中でショウの編成を練りながら、その発表の場となる東京花月劇場の完成を待った。

そして、劇場が完成し開場初日を迎える。

吉本ショウは初演から好評を呼んだ。当初、欠員が出た場合は外部から補っていたが、次第に役者の数も増え、あっという間に大所帯となる。さらにしばらくすると、アメリカ帰りのタップダンサー、中川三郎が鳴り物入りで加入した。

十八歳でアメリカに渡った中川は三年間の武者修行を経て日本に帰国すると、端正な顔立ちに加え、流行のタップの名手であった彼をめぐって興行会社の争奪戦が勃発した。東宝が四百円で申し出たのに対し、弘高は千三百円という破格の条件を提示する。東京吉本のトップクラスである柳家金語楼や柳家三亀松の月給が七百円というから、いかに弘高が熱望したかがわかる。これにより、弘高は二十一歳の中川と一年契約を交わした。

一九三六（昭和十一）年六月、中川は初めて東京花月劇場に登場すると、特設ステージで約五分間にわたってタップを披露。その見応えに観客は歓声を上げた。

中川のパートナーは当初、西條君江がその役を担ったが、半年後にムーラン・ルージュから加入した姫宮接子に代わり、二人は安定したパフォーマンスで活躍した。中川は一年契約終了後も新たに結成した中川三郎タップ・ハタアズとして不定期出演する。

公演は十日替わりで行なわれ、優秀な作家陣たちが交代で台本を書いた。回を追うと、演者の中から人気者も生まれた。アメリカ人のバージニア嬢が日本舞踊と歯切れのよい江戸弁で話題になったほか、日本のシャーリー・テンプルと謳われたタップの天才少女、マーガレット・ユキも有名になった。

マーガレット・ユキのタップは当時の東宝映画『かっぽれ人生』（永田キング主演）の中で見ることができる。まだ幕が上がる前の舞台が映し出されると、アメリカの愛唱歌『ヤンキードゥードゥル』（邦題は『アルプス一万尺』）の曲と共にユキが幕前に登場し、約一分間にわたって軽快なタップダンスを披露。ダンスの途中からは流暢な日本語で歌も唄い、そのまま舞台をはけたところで幕が上がるという演出であった。

金髪パーマの可愛らしい少女がタップを披露するという光景は到底、大阪吉本では見られない代物であった。また、舞台の手前にはマーカスショウにも見られたオケピットがあるのも東京ならでは。そこでは七、八人の専属バンドが音楽を奏でた。

歌あり、踊りあり、コントありの吉本ショウには入団希望者も殺到した。当時の新人はショウの研究所に入ると、毎日基本練習を行ない、三カ月後に新人女優として舞台に送られた。

入団希望の女子たちは宝塚や松竹歌劇団に憧れ、「私も女優になりたい」という夢を持った者たちばかり。「その夢を叶えるために吉本興業に入った」という者もいたのだから、東京吉本はもはや寄席演芸という枠に収まるような組織ではなくなっていた。

色物主体の大阪吉本とは異なり、音楽とダンス主体の興行を推し進めた東京吉本について、ジャズ評論家の瀬川昌久氏は次のように語る。

『当時、音楽を主体とするステージ芸能を積極的に伸ばそうとしていた興行資本として松竹、東宝につぐ唯一の大手となった』（瀬川昌久『ジャズで踊って』清流出版）

「あきれたぼういず」の大評判

吉本ショウには櫻文子、西條君江、棚木みさを、加賀龍子のタップ四銃士をはじめ、子役ダンサーのミミー宮島、人気歌手のミス花月のほか、オギ魚美、中居鈴与、福島弘子、水島ルリ子、三笠夜詩子、嵯峨静江、曾根圭子、彌生恵美子、山田芳江、関志保子などの女優陣がいた。だが、これら豊富な女優陣を差し置いて、スターは男優の中から生まれた。

ある日、団員である益田喜頓と芝利英の二人が楽屋でギターに合わせて流行歌を面白く唄ったり、風刺を効かせていたところ、

「今のなかなか面白いじゃないか。試しに舞台に上げてみようぜ」

と文芸部員が言い出し、急遽グループを結成することになった。

メンバーは益田喜頓、芝利英の二人に、坊屋三郎（芝の実兄）と吉本ショウの中心人物である川田義雄が加わった。

コンビ名は「あきれたぼういず」と名付けられた。「ボーイズ」の定義とは、三人以上のメンバーが音楽を中心としたギャグ、コントを演じることらしく、「ぼういず」と平仮名表記にしたのは、当時流行りだった片仮名書きに対抗する意図があったという。

あきれたぼういずはギターを弾きながらコミカルな歌を唄い、声帯模写や物真似などを披露した。するとこれが大盛況。二週、三週と続けていくうちに新聞社が記事を書くまでに評判となった。メンバーの喜頓が晩年、当時の人気ぶりを振り返っている。

『大評判になれば客席のほうも、「あきれたぼういず」のパートになると、舞台に出ていくまえから、ワァーッ、と沸いてくれる。（中略）日本中いたるところ「あきれたぼういず」の名を知らぬものなし、となるのに結成以来半年を要さなかった。後にイミテーションが数十もできたそうである。テレビ、週刊誌などのマスメディアの発達している現代ならいざ知らず、ラジオすら各家庭に普及しているとはいえなかった時代のことだ。まったく夢のような話である。それもこれも、花月文芸部の勇断のおかげ以外のなにものでもないと思っている』（益田喜頓『キートンの浅草ばなし』読

売新聞社）

あきれたぼういずはすぐに吉本ショウの金看板的存在となった。その人気は花月の舞台にとどまらず、営業先では何重にもなる人垣を作った。放送作家のはかま満緒氏はその人気ぶりを『ビートルズの公演にも劣らない』と評している。（中央公論新社『地球の上に朝がくる』「川田晴久最後の録音」）

しかし、あきれたぼういずの活動は二年も続かなかった。なぜなら吉本興業は一九三九（昭和十四）年に新興キネマ演芸部による引き抜きにあい、あきれたぼういずも新興へ移ってしまったからである。ただし、メンバーで唯一、川田義雄だけはその移籍を拒否した。というのも、川田の妻は吉本ショウの人気女優、櫻文子であった。二人の仲人を務めたのが弘高であったため、川田はその義理を通すべく吉本残留を選んだといわれている。

この引き抜き騒動は相当な話題となり、世間を騒がせた。当時、騒動の渦中にいた伴淳三郎が新興側の一員として旗揚げ公演に参加した際の様子を述懐している。

『旗揚げ公演の当日は、血を血で洗う争いを覚悟した。わたしなんかは、プロボクサーのボディ・ガードを連れ歩くし、親しい連中がずらっと恵比寿座をとりまいて、吉本側の殴りこみに備える有様だった。この騒動はファンにも伝わっていて、満員にかかわらず前の席はガラあきだ。そこんところにおまわりが立つというもののしさだった』（伴淳三郎『伴淳放浪記』大空社）

一連の騒動は旗揚げ公演二日目、大阪と京都の両府警保安課の調停により、吉本側の正之助と弘高、新興側の白井信太郎と永田雅一が話し合い、休戦協定を結ぶ。正之助の証言では裁判にもなったというが、芸人の引き抜きはこれにて一段落した。

話を東京吉本に戻そう。東京花月劇場は『東京に初めて生まれた映画と漫才とレビューの総合劇場』という売り文句を謳い、映画を一本、漫才を三、四組、喜劇を一、二本、そして最後に吉本ショウというのが基本プログラムであった。

当時、吉本ショウの脚本を書き、弘高の理想に応えるべく奮闘した間野玉三郎がショウの目指す形について語っている。

『（前略）多角多彩の吉本ショウが、今後どういう工合に進展するかは、関係者一同の努力に依るものでありますが、私案として一景平均二分半として二十数景、つまり一時間を標準として、踊が二十分、歌が三十五分、それに寸劇やアクロバット等のスリルを二十五分に分割するのが、理想的だと思います。要は、現在のヴァラエティよりも総ての点で遥かにスペクタクルに富み、変化とテンポのある形式を追求しなければならないと思います』（『ヨシモト』昭和十一年九月）

これはスタートしてから約一年後に語ったものであるが、弘高総指揮の下、試行錯誤を繰り返した吉本ショウはやがてよりスピーディーかつスタイリッシュなものに変貌を遂げていく。

集まってきた、弘高の理想に共鳴する芸人たち

洗練された吉本ショウは東京花月劇場の名物となり、浅草興行街でも一目置かれる存在となった。

そんな東京花月劇場には、吉本ショウ以外にも人気の芸人や出し物がたくさんあった。特にハリウッドの喜劇役者、グルーチョ（マルクス兄弟の一人）を模倣した永田キングの公演は人気を博し、サラリーマン喜劇のピッコロ座も好評だった。ちなみに、このピッコロで活躍した谷崎歳子という女優と、吉本所属のピアニストだった久保益雄が、のちの昭和を代表する歌姫・江利チエミの両親である。

東京花月劇場竣工以降、弘高が追求する理想に、感動し共鳴した俳優や芸人たちが続々と東京吉本に集ってきた。弘高はそんな俳優や芸人たちとの間柄について、

『大会社の社長と俳優のような関係でなく、古い親分子分の間柄は「吉本のよさ」と自称する』（『読売新聞』昭和十五年一月十二日）

と語っている。

吉本ショウをまとめ上げたことで弘高は確かな自信を手にした。だが、その一方で俳優や芸人たちを束ねるうちに、より重い責務を負うことにもなった。

「社長さん、明日は学校があるので少しだけ練習に遅れます」

話しかけてきたのは、まだ顔にあどけなさを残す中学生の踊り子だった。

「わかった。勉強も大切や。しっかりやってきなさい」

「はい。わかりました！」

彼女は遠い故郷を出て、親元も離れて東京へやってきた。「女優になりたいので、吉本興業に入れてください！」そういって東京吉本の門を叩く若者は彼女だけではなかった。

日夜襲ってくる寂しさも、夢を追うことで拭い去ろうとする彼女たちの姿は、弘高にとって心身を奮い立たされるものだった。

「なんとか夢を叶えさせてやりたい」

いくつもの人生を抱えるようになった弘高は、

「いつまでも弟気取りで姉、兄の大阪吉本に頼っていたらあかん。独り立ちし、東京吉本に集まってきてくれた者たちにとって、親分のような存在にならんとあかん」

そんな自覚を強烈に促されることになったのだ。

吉本せいが目をつけた千日前黒門市場移転予定地の一千坪

昭和初期、大阪の千日前は歓楽街として確固たる地位にあった。そんな千日前は現在、吉本興業が大阪本部と笑いの殿堂「なんばグランド花月」を構えるホームグランドでもある。

江戸時代まで下難波（千日前）一帯はネギの産地であり、俗に「畑場八カ村」と呼ばれる蔬菜供給地帯の一画を形成していた。ところが、大阪の陣で豊臣家が滅ぶと、墓地整理によって墓が集められ、さらには刑場、葬儀場、火葬場なども集う忌まわしき場所となった。

しかし、これらは明治維新を契機に終止符が打たれ、墓地も一八七四（明治七）年に移転したことで千日前は未着手の土地として再スタートを切った。当初は誰も近づかなかったが、試行錯誤を繰り返すうちに寄席小屋が姿を現すようになる。

明治二十年代になると、墓地や刑場といった過去の面影は一切なくなるほどに賑わい、横井甚市という男が道頓堀に対抗し、大劇場「横井座」を建てるまでになった。

ところが、この横井座の建設がいくぶん傍若無人であったため、ある侠客の反感を買った横井は開場翌日、向かいの寿司屋にいた所を襲われ、命を落とす。さらに死後、横井家では遺産をめぐる争いが繰り広げられ、結果、千日前付近にあった彼の土地、借家百数十戸が次々と他人の手に渡ることになった。

その後、ある大富豪が横井の手放した土地の一つとその隣接地（合計で一千坪）を買い占め、長年所有した。

が、それものちに手放されると、今度は近所の黒門市場がその地に移転を計画した。時代を言えば大正期から昭和初期の話である。

しかし、この計画は共同で進めていた土地会社の重役が放埒生活の末、投機にも手を出して失敗。株券を金融消費するまでに落ちぶれてしまったことで頓挫する。その結果、時価にして七十万円にもなる一千坪（空き地）は板囲いのまま、放置されることになったのだ。

横井甚市という男から大富豪の手に渡って拡張した敷地（一千坪）。黒門市場が移転を計画していながら失敗に終わった同地に、今度は吉本せいが触手を伸ばした。

この敷地（一千坪）こそ、せいが千日前で大劇場建設を望んだ場所であった。現在の場所でいえば、ちょうど「なんばグランド花月」が収まるあの敷地のことだ。つまり、現在「なんばグランド花月」が建つ敷地こそ、戦前にせいが目つけ、大劇場建設を目指した場所なのである。

空き地となった一千坪の債権は、虎屋信託株式会社という所に委ねられた。

虎屋信託とは一九一九（大正八）年十月、資本金二百万円で大阪市に設立された中小信託会社である。創業は大阪の両替商の系譜を有する肥田家による。

同家はすでに一八八一（明治十四）年五月から虎屋銀行を設立しているため、銀行と信託の両事業を営み、二つは姉妹関係にあった。ちなみに、虎屋銀行は一九二二（大正十一）年に山口銀行と合併。山口銀行は一九三三（昭和八）年に三和銀行に吸収合併されるため、その系譜は現在の三菱東京ＵＦＪ銀行に連なる。

吉本家と肥田家の親交は古く、大正期まで吉本傘下の寄席の売上は虎屋銀行が集金していたほどである。そんな吉本興業と虎屋信託の関係はというと、委託者と受託者の関係。せいは虎屋信託における最大級の委託者であった。せいの委託総額は約八十七万円。その額は一位の辻阪芳之助（約九十八万円）に次ぐ第二位であった。

実はこの一位に名を連ねる辻阪家とも縁が深い。辻阪芳之助は虎屋信託の取締役に名を連ねる島之内きっての資産家であり、その弟の辻阪信次郎も同社の監査役を務めている。特に後者の信次郎とせいは昵懇な間柄にあった。未亡人のせいを援助する実力者、辻阪信次郎の存在は当時の吉本躍進とは切っても切れない関係がある。また、信次郎の息子とせいの娘はのちに結婚している。

吉本興業が虎屋信託との間に築いた信頼関係は、空き地のまま放置されている一千坪の情報をいち早く入手することを可能にした。

「虎屋はん、その一千坪にうちの夢を築かせてください！」

せいは虎屋信託の事務所に赴き、意中の野望を打ち明けた。

「千日前は今のうちに最もふさわしい場所だす。どうか、力を貸してくれまへんやろか」

資金の工面はすべてせいが担う約束で、虎屋信託は宙ぶらりんになっている一千坪の行方を彼女の手に委ねた。

具体的な経緯や時期はわからなかったが、一九三四（昭和九年）中には一千坪が事質上吉本興業の支配下となっていたことがわかっている。

しかし、この地に大劇場が建設されたのはこれより約五十年も先のこと。それは「なんばグランド花月」の誕生まで待たなければならなくなってしまう。

なぜなら、前述した黒門市場移転失敗の騒動が尾を引いて建設計画に弊害をもたらしたからである。

黒門市場の移転計画は破綻し、その後、共同で進めてきた土地会社の株券は野村銀行に持ち込まれた。株券は競売にかけられ、落札者によって新会社の設立が進められたが、この間に新旧の株主が対立。抗争に発展した上、問題の背後に名士の存在が判明するなど騒動は泥沼化していた。

当時の大阪時事新報は一千坪をめぐる一連の騒動を次のようにまとめている。

『かくて板囲いをしてまさに四年、その間日活大常設館の敷地と噂され、吉本興行の大劇場建設のニュースを生んだこの土地は、一向に話だけで実現する気配もなく、金一升に値する土が嘆息を漏らすばかりだった』（『大阪時事新報』昭和十年十月十日）

瀆職罪《とくしょくざい》容疑で起訴

吉本せいの千日前における大劇場建設計画は座礁する結果となってしまい、騒動が解決するまで身動きの取れない状況となってしまった。

しかし、実は千日前の大劇場建設が思うように進まなかったのには、既述の騒動以外にも原因があった。というのも、千日前と浅草で大劇場建設が明暗を分けていたその時、吉本興業の当主、せいは瀆職罪の容疑で起訴されていたのである。東京花月劇場の誕生はちょうどそれら一連の騒動がピークの時に起きた出来事でもあった。

東京花月劇場の披露式終了後、兄の正之助が大阪へとんぼ返りした理由は検察の取り調べを受けるためだった。すでに姉のせいは召喚され、刑務支所に身柄を移されていた。

「姉さんのことは心配すな。わしに任せとけ」

「頼みます。姉様の身体も心配や。早いこと出させてあげてください」

「わかっとる。お前は自分のことだけ集中してやっておけ」

吉本興業が受けた嫌疑は「税金係主任による脱税工作が会社ぐるみで行なわれていたのではないか」というものであった。

ことの発端は一九三五（昭和十）年七月、京都下京税務署を中心とする瀆職および巨額の脱税事件の発覚である。事件は神戸、大阪に飛び火したあと、ある大物が摘発されたことで事件は大きく進展する。その大物とは大阪府会議長兼市会議員の辻阪信次郎である。

前述した通り、信次郎は虎屋信託の監査役である。それと同時に、大阪市議会議員の当選四回、大阪府議会議長を四期務めた人物でもあり、そんな彼は税額査定に絶大な勢力を持っていた。

出身は吉本泰三と同じ島之内。自宅も吉本家の笠屋町と一本筋違いの畳屋町だった。辻阪家とは泰三時代から親交があり、未亡人のせいにとって信次郎は最大の理解者であった。

「信次郎が瀆職の罪で拘引された」

その一報は吉本興業にとって由々しき事態であった。同日、東清水町の事務所と笠屋町の本宅の家宅捜索を受けたが、それは「吉本興業が辻阪と親密な交際をしているうちに、税金の査定に関して手心を加えられた可能性がある」と刑事課から睨まれたためであった。

そして、信次郎との親密さからせいは真っ先に疑われ、一蓮托生のごとく連座。ついに一九三五（昭和十）年十一月十七日の朝日新聞に『吉本せい女も召喚』の見出しが掲載された。

せいは召喚前、自身の子女四人に対し、遺産相続に関する公正証書遺言を作成した。証書の作成日は一九三五（昭和十）年九月。事件が大阪へ飛び火して間もなくのことである。

せいには肺結核の持病があった。大正期に病気療養したのもこれが原因である。すでに容態は回復していたものの、当時の肺結核には最適な治療法がなく、常に症状と向き合いながら生活しなければならなかった。そんな時に現れた検察の存在は、せいに遺言書を認めさせる十分な動機となった。

せいの召喚に対し、関係者からは悲痛な声が上がった。

花菱アチャコは『奥さんは情に深いお仁で私らが患ったら直ぐとんで来てくれはり

ます、もし容態が悪かったらすぐ入院までさしてくれますがな』と表情を曇らせた。（『朝日新聞』昭和十年十一月十七日）

東京から戻った正之助も取り調べを受けた。正之助は大阪に着くや、刑事課に連行され、同日から府庁地下室に拘置された。連日の取り調べの末、収容は免れたが、一時帰宅を許されたのは五日後のことだった。

せいは北区刑務支所へ収容されたのち瀆職罪で起訴されたが、十二月十四日に拘置停止となって釈放される。毎日新聞は「生活の激変で持病の肺結核がひどくなり、担当弁護士が拘置執行停止を申請。それが許可されたため、毛布で身を隠しながら刑務所から出てきた」と釈放の様子を伝えた。せいは釈放後、赤十字大阪支部病院内科に入院することになった。

事件は年が明けた一月二十三日に急展開を迎える。北区刑務支所に収容中だった信次郎が独房で首を吊って自殺したのである。十三時四十五分、信次郎は取り調べを終えて独房に戻ると、南窓の金網に二枚のハンカチをつなぎ合わせて首を吊った。

遺体はすぐ自宅のある畳屋町へ移送された。兄の辻阪芳之助はその日の通夜、「日ごろの性格を思うと、自責の念から思いつめたのでしょう」と涙ながらに語った。事実、信次郎は刑務所でも号外の鈴音を聞くたびに「また誰か検挙されたのか」と看守に尋ねるなど怯えた様子で、自身の取り調べによって事が広範囲に及んでいることを憂慮していたという。

信次郎死後も尚、検事局は「当日までに聴取すべき事項はすべて完了しており、自殺による取り調べ上の支障はない」と徹底検挙の姿勢を崩さなかったが、事件の中心人物不在の影響は強く、その後の捜査は大きく後退。拘留されていた人物も順次保釈され、吉本興業も当初の嫌疑より遥かに小規模の瀆職が裁判にかけられただけで事の収束をみた。

大阪花月劇場建設の結末

盤石の組織を整え、個人としても繁栄を見た吉本せいが、千日前と浅草に自社の象徴となる大劇場の建設を目指したのは当然ともいえる流れだった。

当時、吉本興業が千日前に持っていた小屋は「南陽館」という小さな漫才専門館だけであった。近くの法善寺境内には檜舞台の南地花月もあるが、ここら一帯は江戸時代から「萬金の席」という小屋があったこともあり、すでに盛り場だった道頓堀界隈に含められた。そのため、千日前における大劇場建設は吉本興業にとって悲願であった。

しかし、同地に獲得した建設予定地（一千坪）は訴訟問題が泥沼化し、いつになっても解決の目処が立たず、ついにしびれを切らした吉本興業は建設地変更を決める。変更地は一千坪と目と鼻の先。距離にしてたったの数メートルの場所であった。

日本中を震撼させた疑獄事件も収束に向かい、吉本興業も平穏さを取り戻し始めた一九三六（昭和十一）年三月、読売新聞に吉本興業の新劇場建設に関する記事が掲載された。

『大阪の歓楽街千日前吉本興行部が大小二劇場建設を目論み、松竹、東宝の劇戦深刻な興行街にまたまた大波乱を巻き起こしている

場所は浪速区河原町と千日前の盛場の中心地で大劇場は敷地四百六十二坪観客席二千で芝居と映画を兼ね小劇場は百六十三坪観客席千二百で伝統の落語漫談をやり何れも鉄筋コンクリート五階建、来る六月末大阪花月劇場と名乗って一斉にデビューする

こととなり七日島之内署に建築願いを出した（以下略）』（『読売新聞』昭和十一年三月八日）

ところが、今度の計画も鉄材制限によって実行不可となり、大幅な計画変更を余儀なくされる。その結果、規模を縮小し、資材も木材に切り替えるなど設計に苦心。予定も大幅にずれ込み、一九三八（昭和十三）年になってようやく方針が固まったが、それは木造一階建て（建坪は三百六十坪）、残りの敷地には緑地公園を整備するという矮小化されたもので、せいが望んだ大劇場というには程遠い建物と言わざるを得なかった。

一千坪から三百六十坪へ。そのスケールダウンの甚大さは誰もが痛感するところであったが、劇場名を当初の予定通り「大阪花月劇場」としたのはもはや意地であった。

劇場は南区と浪速区の境に建設されたため、役所が税金の処理方法を巡って開場直前まで揉めていたが、一九三九（昭和十四年）春にそれも解決した。

一九三四（昭和九）年に始動した建設計画から早五年、その場所も規模も後世に宿題を残す結果となったが、ついに大阪花月劇場が開場。開場記念公演には横山エンタツ、花菱アチャコ、柳家三亀松、石田一松ら人気芸人が出演した。
ちなみにこの大阪花月劇場は戦後、「なんば花月劇場」として生まれ変わり、多くの人に親しまれ、現在も吉本興業の未来を担う芸人の養成所「ＮＳＣ」を含む関連施設となっている。

一方で当初の建設予定地（一千坪）への進出は戦後にまで遅れてしまう。その目処を付けたのは弘高であった。詳しくは後述するが、東京オリンピック開催目前の一九六四（昭和三十九）四月、弘高は空き地だった一千坪に関西随一のボウリング場を建設するのである。そして、そのボウリング場を経て一九八七（昭和六十二）年に生まれるのが、「なんばグランド花月」である。

実は吉本興業が戦前から「なんばグランド花月」の敷地（一千坪）を実質上所有していたことや、そこに大劇場を建てようとしていた事実はまったく知られていなかった。しかし、当時の新聞記事や関連書物、さらに某不動産会社の資料が戦前のせいの野望「大劇場建設計画」を浮き彫りにしてくれたのである。

某不動産会社というのは虎屋信託に関連のある会社である。虎屋信託は一九四一（昭和十六）年三月、三和信託に吸収合併され、その幕を閉じたとされていたが、戦後になって不動産管理を別会社が引き継いでいた。

その別会社というのは大成土地株式会社という会社のことであり、同社は現在、吉本興業の土地を所有・管理する関連会社であると同時に筆頭株主でもある。虎屋信託の後継にあたる大成土地には虎屋信託時代の資料も多く残されており、その中にせいの野望を垣間見ることができる資料が含まれていたのであった。

(上)東京花月劇場（写真は戦後のもの）(下)林弘高と東京吉本の芸人、俳優たち

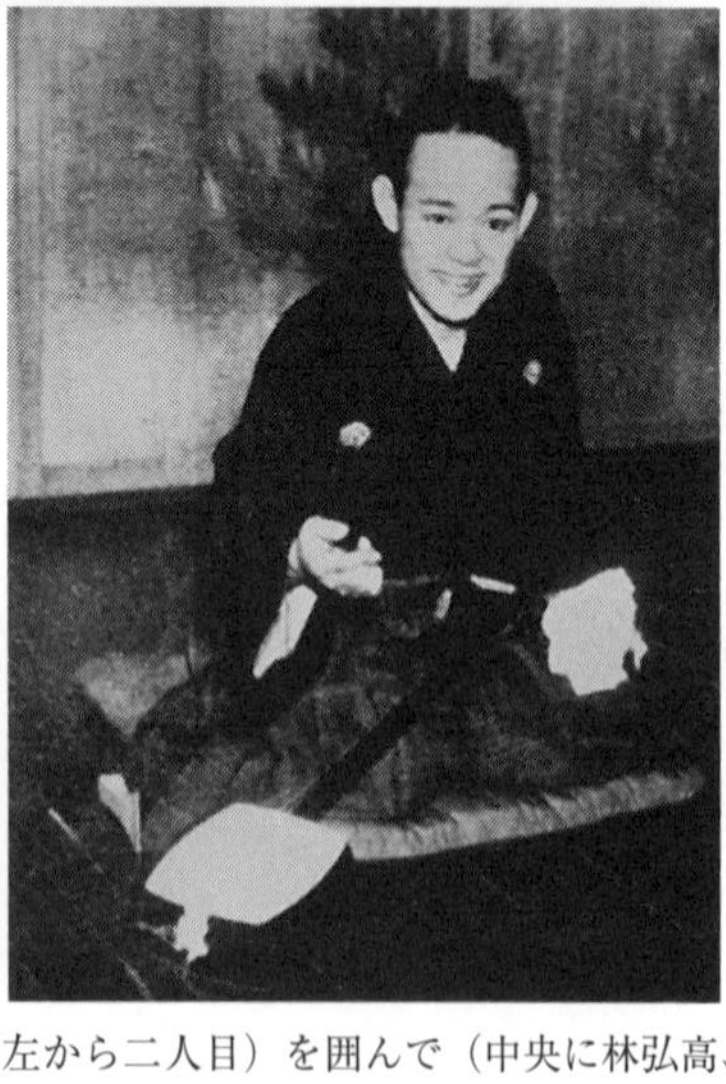

（上）東京吉本の人気芸人・永田キング（左から二人目）を囲んで（中央に林弘高、右端に林正之助）
（下左）柳家金語楼（下右）柳家三亀松

(上)あきれたぼういず (中)吉本ショウ (下)大阪花月劇場

第三章

弘高イズムの覚醒

東京の次は名古屋、その次は大阪や

一九三八（昭和十三）年、三十一歳になった弘高は目白に住まいを移した。息子の英之は五歳になり、翌年には学習院大学の向かいにある高田第五尋常小学校（現・目白小学校）に進学予定だった。英之さんの回想によれば、ある日、テストで良い成績を取った際、父は嬉しさ余って学校に鯉幟《こいのぼり》を寄付したという。

そんな父親としての姿も垣間見せる弘高にとって、有意義な組織が生まれる。それは新会社「吉本興業株式会社」の設立である。現在とまったく同じ社名の会社が戦前にも存在していた事実はこれまで誰にも知られていない。しかし、当時の『帝国銀行会社要録』（帝国興信所）をはじめ、様々な興信所の記録に確かに存在していた。

吉本興業株式会社は一九三八（昭和十三）年七月、資本金四十八万円で設立された演芸興業の会社であった。社長に吉本せい、専務に林正之助、常務に林弘高、監査役に虎屋信託の肥田増雄が就任し、吉本興業史上初となる株式会社が誕生していたのである。これにより、正之助や弘高は周囲から「専務」「常務」と呼ばれるようになった。

東京を拠点とする吉本興業株式会社の実質的経営は弘高が担い、本社も東京花月劇場に置かれた吉本興業合名会社の東京支社長という肩書とは別に、吉本興業株式会社常務という肩書も得た弘高。前者が大阪吉本の影響を強く受けるのとは違い、後者の吉本興業株式会社は、弘高のやりたいことが比較的自由にできる組織であった。そのため、以降、独り立ちに向けて奮闘する弘高の活躍が目立っていく。

一九四一（昭和十六）年七月発行の『日本映画年鑑』（大同社）に吉本興業株式会社の直営館を知らせた社告がある。そこには東京（浅草）花月劇場、江東花月劇場、新宿帝国館、横浜花月映画、浅草昭和劇場、神田花月の列記があった。

そんな中、弘高イズムの影響がいち早く反映された場所は名古屋であった。戦前戦後を通して中京を管轄したのは東京吉本の弘高である。

一九三八（昭和十三）年の地元紙に『吉本興業株式会社直営』として「名古屋劇場」「花月ニュース劇場」「赤門花月劇場」の三館の広告が掲載されているが、これら名古屋の劇場で主軸を担ったのは弘高の持ち込んだ吉本ショウの名古屋版であった。

「東京の次は名古屋、その次は大阪や。我らが吉本ショウの風を西へ吹かせていこう！」

弘高は「名古屋吉本ショウ」の立ち上げを進め、一九三八（昭和十三）年九月に東京の吉本ショウでプレ興行を行なうと、その二カ月後に名古屋吉本ショウの旗揚げ公演を行なった。

この時、新愛知新聞とポリドールの後援で催された「アマチュア歌手コンクール」の選抜者三名も名古屋吉本ショウに出演を果たしたが、千人以上の中から選ばれたこの三名の中に二〇一三（平成二十五）年に亡くなった歌手の田端義夫がいた。

名古屋の劇場では度々東京吉本の出張公演が行なわれたほか、アメリカの娘子群が唄い踊る「ダイナミックショウ」の公演があるなど、中京の劇場運営は東京花月劇場の姉妹劇場のような趣を醸し出していた。

その後、東から吹いた吉本ショウの風はとうとう大阪にまで届き、大阪吉本ショウも結成される。

一方、吉本ショウに刺激を受けた大阪吉本でもレビューに対する関心が高まり、いくつかの劇団も生まれた。加えて大阪では横山エンタツ・花菱アチャコを機に始まった漫才ブームによって芸人の数も増加傾向にあり、人員増加を受けた大阪では、一九三六（昭和十一）年十一月に大阪市浪速区の新世界（通天閣周辺）に「花月寮」という女性専用の寮を設けた。

木造三階建の元旅館を借り受け、約二百畳敷の各間を改造した花月寮は三十数部屋の小部屋を作り、浴場から炊事場、娯楽室、図書室まで整えた。入寮者は独身女性限定。もちろん男子禁制である。門限は午前一時。約百人収容でき、舞台を終えた女芸人や劇団員たちがここで共同生活を送った。当時の朝日新聞に入居者の声が問答形式で掲載されている。

『感じは如何？』

『第一、経済的でご飯がゆっくりいただけますが昨夜など雨戸の隙間からルンペンがのぞいているのをみてびっくりしました』

『規則づくめで不自由らしいネ』

『午前一時が閉門時間で以前のように自由になりませんが女友達がふえて男のお友達が少くなりました、といってそのために淋しいとは思いませんわ……』

『朝は起きづらい？』

『けさは十一時ごろに起きてお掃除したりおみおつけとご飯をいただいたりたべることばかりではづかしいけれど、これがいちばん楽しみです』

今夜はポテトのフライらしい、ぶんぶんと油のたける音がする

『自宅へ帰りたくない？』

『今夜のように雨がふると国にいる母のことを思い出しますが普通は学校にいるようで賑やかです』（『大阪朝日新聞』昭和十一年十二月十二日）

これからは「映画の吉本」にもなるで

吉本興業ではすでに芸人の町と言われた東成区片江町に社宅を完備し、二代目広沢虎造らが使用していたし、一九三四（昭和九）年頃には堀江花月を「堀江花月アパート」という下宿屋に転換させている。ただし、この花月寮はこれら施設とは違って、寮長は近くの芦辺劇場主任が担い、男性は主任と料理人の三名のみ。あとはすべて妙齢の娘子たちという管理面に優れた施設であった。

吉本ショウの発展は大阪にて落ち着く。とはいえ、弘高の挑戦が終わったわけでなかった。英之さんは取材の際、本著の冒頭にも記した言葉を何度も繰り返した。

「親父さんは何にでも興味があった人ですから、いろんなことをやったはずです」

弘高の関心はこの頃、ショウから映画へ移りつつあった。

「次は映画や。これからはショウの吉本に加えて、映画の吉本にもなるで」

吉本興業ではすでに一九三三（昭和八）年から太秦発声映画や日活と提携し、芸人を出演させていたし、一九三五（昭和十）年十一月にはＰＣＬ映画製作所との提携も決める。これらにはすべて弘高の関与があった。当時の中外商業新報が次のように報じている。


『西において太秦発声と提携している吉本興業が、今度は東のＰＣＬと提携した。これは林吉本東京支社長と森ＰＣＬ支配人との間に話が纏まり、今後吉本専属芸人を随時動員してＰＣＬ映画に出演せしめるもの（以下略）』（『中外商業新報』昭和十年六月十日）

大阪で映画会社との提携話をまとめた弘高は、自慢の顔の広さと行動力ですぐに東京でも提携先を見つけた。この東西における動きのスムーズさの背後には正之助の目利きによって引き抜かれた橋本鐵彦の存在が光る。橋本は東西の橋渡し役として大いに機能していた。

吉本興業はＰＣＬ映画の目玉企画として解散したエンタツとアチャコの二人をスクリーンで並ばせることを決め、一九三六（昭和十一）年一月の『あきれた連中』で共演させた。

その後、弘高は東宝の呼びかけで、ＰＣＬを含めた三社提携を結ぶ。これはかねてから映画界進出を目論んでいた東宝が松竹や日活、新興といった既存勢力に対抗するための策であった。その話に弘高は乗ったのだ。

一九三六（昭和十一）年十一月、銀座数寄屋橋畔のＰＣＬ事務所で三者協議が行なわれ、提携が成立する。その協定内容によれば、吉本興業の演者がＰＣＬ映画に出演するのは一九三七（昭和十二）年一月封切の「心臓が強い」を最後とし、以降は東宝映画配給株式会社の傘下に「吉本プロダクション」を設け、ＰＣＬ映画製作所との共同出資で年に五本の映画を制作し、東宝を通じて配給する契約が交わされた。

同時に、東宝所有の劇場（有楽座、日本劇場）を必要に応じて吉本興業は借り受け、所属の演者を随時、東宝系の劇場に出演できる契約もまとめた。

さらに、それから二年後には兄の正之助を東宝の取締役に送り込むなど以降、吉本興業の映画事業参入は隆盛を見せる。ＰＣＬとの提携からわずか二年でここまで話をまとめ上げた弘高の交渉力は推して知るべし。これにより、吉本興業の所属芸人、俳優たちの活躍の場は劇場からスクリーンにまで広がったのである。

映画界に進出した弘高の頭の中はショウから映画へと塗り替えられ、日を追うごとに大阪吉本とは異なる世界へ進むようになる。その歩みをさらに加速させたのは海外視察である。

一九三八（昭和十三）年春、前年に日中戦争が勃発し、戦時体制下にあったその頃、弘高は翌年に開催されるニューヨーク万博・日本館の嘱託として、約一年間の海外視察に派遣され、世界各国を飛び回っていたのである。

いざ、世界へ。海外視察の旅

「Hi, I came to Italy today（今日はイタリアに来たよ）」

弘高は海外視察中に起こった刺激的な日々を国際電話で日本の妻や息子に話すのが楽しみでしかたなかった。

「How is the weather in Japan？（日本の天気どうだい？）」

「いい加減、英語で話し始めるのはやめておくれ。誰もわからねえよ」

妻の利喜は毎回、そう言って電話を受けたが、その穏やかな声に弘高は気をほぐされた。海外生活は楽しみなことも多かったが、やはり常に不安が付きまとった。そんな中、電話口の向こうでドタバタと走り回る息子や娘の声が聞こえると、すっと肩の力が抜けた。

弘高が世界各国を渡り歩いた際の写真が『英之ファイル』にも収められている。なぜ、ピラミッドの前で記念写真を撮っているのか。その疑問も海外視察の件が判明したことですんなりと受け入れることができた。

弘高が欧米視察に出たのは一九三八（昭和十三）年。時期は不詳だが、春頃に出発したと思われる。また期間は一年間だったそうだが、帰国した時期を見ると、実際にはもう少し短かったかもしれない。

とはいえ長期間、日本を離れることに変わりはなく、海外視察の出発前には、兄の正之助が壮行会を開いてくれた。

「まあ、わしの代わりに世界を見てきてくれ」

「はい兄様、日本のため、吉本興業のため、精一杯頑張ってきます」

正之助の渡航実績は中国大陸止まりであった。そんな中、弟の弘高が来週から世界を回ろうというのだから、どちらの胸中にも複雑な思いがあったはずだ。それでも正之助が弘高のためにわざわざ壮行会を開いたことには、自分の弟が日本の代表としてその能力を見込まれたという誇りもあれば、吉本興業の価値を高める機会を後押ししようという戦略的な考えもあっただろう。

出発の日。弘高は東京駅から横浜埠頭までの直通列車に乗り込み、横浜港からヨーロッパへ向かった。当時は日本郵船の欧州航路全盛の時代であり、横浜からヨーロッパに向かう船がたくさんあった。

弘高がどの船に乗ったのかは不明だが、基本的な航路、神戸―上海―香港―シンガポール―コロンボ（スリランカ）―スエズ（エジプト）―マルセイユ（フランス）―ロンドンを経由して行ったと思われる。ちなみにヨーロッパからアメリカに行くか、アメリカからヨーロッパに行くかの選択は自由であったが、当時は先にヨーロッパへ向かう者が大多数だった。また、ニューヨークの物価が高かったため、世界旅行に出た人たちは物価の安いヨーロッパに長期滞在する者が多かったという。

当時、日本郵船の一等船客はタキシードの持参が義務付けられていたため、弘高も下ろしたてのそれを持って船に乗り込んだ。見送りには利喜や子供たちはもちろん、東京吉本の関係者たちも多数駆けつけてくれた。

「社長が世界を見て、いったい何を持ち帰ってくるのか。一同楽しみにしておりますから、ぜひとも後悔のない旅にされてください！」

長期間の不在になり、多大な迷惑をかけるにもかかわらず、笑顔で送り出してくれる仲間たちには感謝であった。

船内には欧米人も多く、身だしなみには気を遣う必要があった。テーブルマナーをはじめとする礼儀作法はすべて西欧風であったが、事前準備を怠らなかった弘高は、すぐに溶け込むことができた。

英之さんによると、弘高は当時、英語の家庭教師を雇って毎晩、語学や作法、文化などについて勉強していたそうだ。

船内の食事は朝食が八時、昼食が午後十二時半、夕食が午後七時と決まっていた。それ以外にも朝食前にはコーヒーとトーストが船室に運ばれてくるし、食後にはティータイム、夜十時にはサンドウィッチのルームサービスまであるなど至れり尽くせりの旅路だった。

英之さんは「親父さんは世界旅行から帰ってきた当初、すごく時間に正確になっていましたよ。普段はそんなことなかったのに」と語っていたから、集団行動を繰り返すうちに弘高の時間感覚は正常になったようだ。ただし、「だけど、そのあとしばらくしてまた元に戻りましたけどね」と英之さんは笑った。

船上では、ある時はワイン片手に水平線に沈む夕日を眺めたり、乗船者たちと雑談したり。またある時はウッドゴルフと呼ばれるゲームに興じたり、ティーパーティーやスキヤキパーティーに参加したりと、日々の忙しさから開放された時間を楽しんだ。

上海、香港の寄港地で束の間の観光を楽しんだあと、船はシンガポールに着いた。当時のシンガポールはイギリスの海峡植民地であった。その後に訪れたコロンボもイギリス領セイロンの植民地政庁所在地である。ここはインド洋航路の要衝として栄えていた。

船はどんどん日本から離れていく。コロンボを出ると、アデン（イエメン）に着く。ここではアデン・タンクと呼ばれる古代遺跡や砂漠地帯の塩田を見物した。また、同地の交易や運搬の主力がラクダであったことから、弘高は日本ではめったに見られないフタコブラクダを目の前にして、子供のように喜んだ。

そのあと船はエジプトに着いた。エジプト観光は当時の欧州航路の定番ツアーだった。弘高はスエズ港から鉄道でカイロに行き、カイロではラクダに乗ってピラミッドに向かうという人気ツアーに参加した。そうして訪れたキザのピラミッドとスフィンクスの前で、弘高は持参したカメラのシャッターを切った。

エジプト観光を終えた弘高はヨーロッパへ。着いた場所はイタリアのナポリ。もうそこは完全なる異国であった。目の色、肌の色、言葉、空気、匂い、町並み、ほとんどが触れたことのないものばかりだった。

さらに次はフランスのマルセイユ。鉄道でパリに向かい、エッフェル塔を眺めた弘高は初めて通天閣を見たときのように目をキラキラとさせた。この時、弘高はノートルダム大聖堂も訪れたと『英之ファイル』にメモを残していた。そして、船は終着地点のロンドンに着いた。

弘高が他にヨーロッパのどの国を訪ねたのかはわかっていない。だが、ドイツやオランダなどの国も訪れたと思われる。特にドイツと日本は前年（昭和十二）年に日独伊三国防共協定が成立し、ヒトラー政権下で緊密な関係にあった。

ナチス政府は外貨獲得のため、為替レートで旅行者を優遇した。本来は一マルクが一円四十銭のところ、旅行者であれば一マルクを九十銭から一円とした。当時、ベルリンにあった日本料理屋では天丼が一マルク、寄せ鍋が三マルク。これは日本の倍の金額ではあるが、手の届かない額でも食べることができたし、当時のドイツはキャバレー全盛期でもあったため、いろいろと見物すべきところがあった。

『英之ファイル』にはヒットラーの写真もあったし、ドイツ人のガールフレンドと写る写真もあったので、実際にドイツを訪れていた可能性はある。

当時は第二次世界大戦の目前でもあったから、街の至る所でハーケンクロイツの旗が翻っている光景を弘高は見たことだろう。

ニューヨーク万博嘱託としての派遣

ヨーロッパ視察を終えた弘高は次にアメリカへ向かった。その際、どのような航路で行ったのかは不明である。南アフリカから南米を経由して行ったのかもしれないが、アメリカでは翌年に開催されるニューヨーク万博の実地を訪問し、関係者たちと挨拶を交わした。

今回の海外視察はなんといっても万博関係者としての派遣である。『人事興信録』（人事興信所）にも、弘高が『万国博覧会嘱託として欧米に一ヶ年派遣され』とあった。

その万博といえば、二〇二五年の大阪万博誘致検討委員に吉本興業の大﨑洋社長も名前を連ねているほか、誘致アンバサダーにはダウンタウンが就任するなど実にホットな話題である。そんな万博と吉本興業のつながりが今から約八十年前にも見られたのだから驚きである。

ニューヨーク万博は一九三九（昭和十四）年四月から半年間開催され、五十三カ国が参加した。入場者数は約三千三百万人に及び、その人気ぶりから翌年にも再開催された。

日本にとってニューヨーク万博は大事な国家宣伝の場であった。日本館は伊勢神宮をモデルにした神明造りの建物。内部は様々な展示物で彩られ、パビリオンの一角では映画も上映された。その映画は日本の観光宣伝、文化紹介を目的とした「対外文化宣伝映画」であり、ほとんどが外務省所轄下の国際文化振興会や鉄道省の外局である国際観光局によって製作された。そして、弘高はこのあたりの事業に関わっていたものと思われる。

弘高は視察前、日本館のモデルになった伊勢神宮へも度々訪れていたそうで、英之さんも一度だけ一緒に連れて行ってもらったことがあったそうだ。

「花柳界の好きな人でしたから、伊勢でも芸者遊びがしたいといってね。僕はわけもわからず付いて行ったのですが、その時、芸姑のお姉さんの踊っていた姿がいまだに頭から離れないんだよ」

英之さんは伊勢を巡った後、大阪に向かい、初めておばあさん（吉本せい）に会ったのだと懐かしそうに語った。

ニューヨークに降り立った弘高は、街のシンボルでもあり、世界一高いビル「エンパイア・ステートビル」を目の前にして口をあんぐりとさせた。高さ約四四〇メートル。これにはいくらヨーロッパで驚き慣れた弘高も驚愕した。

何度もビルを見やりながら、目抜き通りの「5thアベニュー」を歩き、当地の空気をたんまり吸い込んで、弘高は日本への帰路についた。

帰りはサンフランシスコから日本郵船の豪華客船「秩父丸」（俗名「太平洋の女王」）に揺られ、横浜港に舞い戻った。

「好奇心よりも嫉妬を覚えた」

こうして弘高の壮大な世界旅行は終わりを迎えた。

「帰って来た日に横浜のニューグランドで食事をした思い出がありますが、その時、畳一畳分ぐらいの荷物を抱えて帰ってきた記憶が今も鮮明に残っています」

英之さんは帰国時の父の様子をこのように語った。

当時は豪華客船時代の最終期にあたり、世界旅行など相当な予算と時間がなければいくことができなかった。そんな世の中で、弘高は万博の関係者としてそのチャンスを得ることができたのだから、幸運中の幸運といっていいだろう。

「世界を見て回った弘高支社長はいったい、何をしでかすのだろう？」

帰国の報を受けた東京吉本では誰彼なしに、そんな言葉を漏らした。その興奮を隠しきれない疑問に応えた当時の新聞記事がある。

それは弘高が日本への帰国中に報じた読売新聞の記事で、そこには弘高が海外視察前から練っていた事業の一端が記されていると共に、弘高の帰国後の展望「映画製作への挑戦」を伝えていた。

『吉本興業部では今まで東宝と提携、エンタツ、アチャコ以下を続々この映画に送ったが、これらの好成績から、自ら日本映画製作所を設立試作した所受けがよいので帰国の途にある林東京支社長の帰京を待ち吉本の異色ある映画製作へひたむきとなることに決定（以下略）』（『読売新聞』昭和十三年十月九日）

弘高は海外視察前に「日本映画製作所」を新設すると、柳家金語楼、川田義雄、姫宮節子の三人による短編映画『女房だけでも』（昭和十三年二月）を製作していた。この作品こそ吉本興業にとって、初めて製作まで手掛けた映画作品である。

記事は「同作品が一定の評判を得たため、吉本興業が今後、所属芸人を使った短編映画の製作に本腰を入れ、提携相手である東宝の製作映画に対して距離を置くのではないか」と報じたものである。

そのため、海外視察を行った弘高は、訪問先のイタリアでルーチェ短編映画製作所と、アメリカではゼネラルモーターズの短編映画製作部などと特約を結んで帰国した。弘高は貴重な海外視察を単なる万博のためだけのものにせず、東京吉本の事業の柱となる話も一緒に持ち帰ってきたのである。

さらに右の記事から一年以上が経ったある日、弘高のインタビューが掲載された。その中で弘高は短編映画にかける熱い思いを語っている。

『吉本でなくては出来ぬ娯楽短篇映画の製作に本腰を入れる、三亀松にしろ、石田一松にしろ、吉本専属群は去年種々やった試みで映画にもレヴュウにも立派に向くことが証明されたし、川田義雄もボードビリアンとして頭角を現わして来たので、この人達を主軸としたバラエティ形式の特色ある二、三篇物を作る考えだ、撮影所は東宝のを使わせて貰う積りだが、スタジオなしで撮影する新形式の短篇映画も出来ていいと思っている』（『読売新聞』昭和十五年一月十二日）

海外視察から帰ると、東京吉本の社員らが慰労会を開いてくれた。そこで弘高は、その目で見た「世界」をみんなに語って聞かせた。

「まずはこうして無事にみんなの顔を見られて安心しています。

世界はとにかく広かった。いろんな所に私の好奇心をつつくものが転がっていて、五分の散歩のはずが、気がつくと一時間、二時間と経ってしまうのです。

しかしながら、その好奇心よりも増して覚えたのは嫉妬です。今回の旅はこの体に、目に、耳に、頭に、たくさんの嫉妬を刻んで帰ってきました。

だからこそ私は、これから、この世界で味わった嫉妬心に立ち向かい、ここ東京から世界基準のエンターテインメントを生み出していきたい。そう強く思うようになりました。

吉本興業が日本のエンターテインメント界を代表し、世界の鼻を明かすような組織になるべく、日々精進していきたいと思っております」

弘高にとって海外視察は好奇心や嫉妬心を揺さぶられる出来事ばかりだった。極東の文化や娯楽が欧米の関係者に受け入れてもらえず、一人ホテルで悔しさを爆発させた日もあった。ただ弘高はその時、枕を涙で濡らすのではなく、拳で叩きつけた。「いつか見返してやる！」。その気持ちは日本人としての意地やプライドを増幅させた。後ろ向きになるのではなく、前向きに。日本に帰ってきた弘高は、精神的にも一皮剥けた。弘高は社員たちに頭を下げた。

「ぜひ、世界の吉本興業になるため、みんなの力を貸してくれ！」

そして、海外で味わった興奮や悔しさは帰国後すぐ東京吉本の新事業として表面化した。

一九三八（昭和十三）年十月、帰国間もない弘高は「吉本映画演芸配給株式会社」という会社を設立した。資本金は十八万八千円。日本橋茅場町に本社を設けた当社の事業内容は、演芸配給と映画の製作および輸出入であった。

映画の輸出入については一九四〇（昭和十五年）の『文化映画』（文化映画協会）「日本文化の世界的発展へ」の中で、弘高自ら文化映画の輸出に対する考えを語っている。

ここでも弘高は、海外視察の際にハリウッドの関係者から日本映画への無知と蔑視の洗礼を受けたと語り、その経験から「出来る限りの知恵とお金を使って日本映画を良くし、また、組織的にも大規模な改革が必要だ」と訴えていた。

弘高は常に頭の中で地球儀を回し、世界から見た日本、世界から見た吉本興業という視野を持っていた。それほど広い視野を持った弘高が海外視察から帰った翌年、本名の「林勝」から通名の「林弘高」へ正式に改名したのは「弘く、高く、世界へ」そんな思いが芽生えたからなのかもしれない。

発信基地を銀座に

一九四一（昭和十六）年、弘高は荻窪に家を買った。ここが今回、英之さんにお会いした場所である。弘高は終生までここを拠点とした。当時、辺り一面畑だったここは戦時下において自給自足ができる好都合の場所だった。

一千坪以上の敷地を持つ本宅周辺には近衛文麿の別邸や音楽評論家の第一人者、大田黒元雄邸などがあった。近衛はこの荻窪の別邸を政治の場としても活用し、太平洋戦争に関する重要な政策がここで決められた。さらに終戦後、彼が服毒自殺を図った場所もここであり、当時は凄まじい喧騒に包まれたそうだ。

ほかにもう一軒、日本美術収集家のフランス人、オダン（小壇）とその妻（日本人）が暮らす家も近所にあった。オダン（小壇）は欧米好きの弘高にとって自慢の親友の一人で、英之さんも「これがフランスのお菓子よ」と言って当時としては珍しいクレープを食べさせてもらったことがあったという。

そしてこの時期、東京吉本も拠点を新たな場所へ移す。

弘高が新天地に選んだ場所は銀座であった。銀座は大震災以降、交通網の発達と共に日本を代表する盛り場へと発展した地である。当時は「銀ブラ」という言葉が流行り、サラリーマンや若者たちは銀座という街が放つ空気、音、匂いに憧れた。

そんな銀座の風景を作家の広津和郎が描いている。（引用は作家の山田太一が『中央公論』（昭和二年）掲載の広津の随筆を自著にまとめたものである）

『西欧文明を片っぱしから鵜呑みにする日本の現代を代表するために生まれた街で、一軒の店で仏蘭西製の新香水を売っていれば、その隣りでは独逸製の強精剤を売っている。そしてモダーン・ガールとモダーン・ボーイとが、腕を組み合って、レコードから覚えた外国の歌を口笛で吹きながら歩いて行く。——その通り、諸君の眼に見える通りが銀座である』（山田太一『土地の記憶 浅草』岩波書店）

百貨店の松屋が銀座に進出したのは一九二五（大正十四）年、三越は一九三〇（昭和五）年のことで、この時期にビルの建設が進み、日本一のモダン都市・銀座が出来上がった。

近くの有楽町には朝日、毎日、読売の三大新聞社があり、各社が通信用に使っていた伝書鳩が銀座の空を彩った。その空の下、モダンボーイやモダンガールはショウウィンドウで装いを整えながら赤レンガの舗道を歩き、可愛い女性やハンサムな青年を見かけると、にやにやしたり、そわそわした。ふらっと百貨店に入る時もあれば、喫茶店でコーヒーを飲む時も。夜になるとカフェーやバーに繰り出すことがスマートに感じた時代であった。

銀座は外国人の姿も多く、また右を見ればドイツ料理、左を見ればフランス料理のレストランがあるなど異国情緒に溢れていた。街の空気や音や匂いもさることながら、通りすがる人が着ている服も、履いている靴も、被っている帽子も他の街とはどこか違う。そんな銀座が弘高の目には日本で一番、欧米に近い街に映った。

一九四一（昭和十六）年、弘高は吉本演芸配給株式会社や吉本興業株式会社も銀座に移すことで、東京吉本の関連会社をすべて銀座に集約させた。

東京吉本の住所は銀座西四丁目の三である。当時の銀座は四丁目が中心であり、その象徴となるのが一八九七（明治三十）年にできた服部時計店の時計台だ。戦後に和光と名前を改めるが、時計台は今も健在である。

東六丁目の東京温泉も名物だが、弘高は東京吉本の隣にあった洋食レストラン「ボア」によく通った。店主の苗字が林だったという共通点以外に、彼の料理に対する探究心や志を弘高は気に入った。店主は納得のいく味を作り出すまで客の前には出さないこだわりを持った人で、それが吉本ショウや映画界進出の際に見せた弘高の「やると決めたらトコトンやる」という精神に呼応したのである。『１００円からの東京たべあるき』（北辰堂）という書物の中に「ボア」の店主を紹介した一文がある。

『東京での修業時代は手洗いに行った時が休憩の時間くらいで、あとは朝から晩まで人の倍も働いて技術を身につけたという。

店を持ってからは、赤貝、さざえなどを使って日本料理のよさを洋食の中へとり入れることを研究している熱心さ。ここはうまい』（前掲）

大阪との分離を進めていく東京の独自性

弘高は銀座という新たな発信基地から演芸、ショウ、映画と展開。戦後にはその活動をさらに拡大させる。

だが、そんな弘高は吉本興業の中でも少し浮いた存在になりつつあった。かねてより、大阪吉本とは交えない性質を持ち合わせていたが、海外視察以降はその性質により一層の磨きがかかり、客観的にはわかり得ない弘高イズムが顕著になっていった。

そのため、弘高が東京から吹き込む新発想は時に本家の大阪では理解されないことも多く、結果的に東京の独自性は大阪との分離を進めていくことになった。

元々、マーカスショウを機に欧米づいた人生を歩んできたのであるから、お笑いだけでなく、幅広いエンターテインメントに軸足の重きを置くことは仕方がないことであった。

弘高にとってみれば大阪でやっていないことをやってこそ、東京吉本の価値があると考えていたし、自分のアイデアがこれまでの吉本興業になかったものを補っているという自負さえあった。それでこそ、東京吉本なのだ、と弘高はこの頃、確信を持って言うようになっていた。

また、弘高は欧米に限らず、アジアへの興味も強かった。中でも中国に対する関心は戦前戦後を通して際立っている。一九四〇（昭和十五）年には北京、満州へ赴き、帰国後に『ユーモアクラブ』（春陽堂）に当地の芸界の雑感を寄稿しているし、戦後は国交正常化前から岸旗江や伊藤雄三郎ら俳優たちと中国を訪問している。

前出の矢野誠一氏によると、弘高は日中友好協会の設立に力を注いだ細川嘉六のシンパであったそうだ。思えば大学専門部修了後は社会党の新聞編集に携わっていたし、戦後も大阪万博を招致した社会党系の中馬馨市長を熱心に支持していた。こうした一面も弘高という人物を知る上で大切な情報になりそうである。

また、弘高は韓国・ソウルに劇場を持つことを提案し、一九四〇（昭和十五）年、東宝と共に京城（ソウル）に直営館「京城宝塚劇場」を開場させた。京城宝塚劇場は当時の日本人街の一つ黄金町にあり、現在はベストウェスタンプレミア國都ホテル（ソウル特別市中区乙支路四街三〇一番地）が建つ位置にあった。

一九四〇（昭和十五）年四月十二日に開場すると、十六日から「谷口又士楽団と吉本スヰングショウ」が出演した。吉本スヰングショウはジャズ奏者の谷口又士を中心としたスイングバンドのショウであるが、谷口は弘高が直々に口説き落とした人物であった。

海外視察の際、アメリカで見たコミックバンド「スパイク・ジョーンズ」のショウに感銘を受けた弘高は、帰国後に即、取り入れようと考えた。その時に声をかけたのが谷口で、弘高は彼のスイングバンドと吉本ショウの融合に熱意を注いだ。そうして完成したスイングショウが京城の舞台で輝きを放ったのである。

一九四〇（昭和十五）年五月十八日には吉本と東宝が資本金十八万円を折半し株式会社京城宝塚劇場を設立。社長は当時、東宝専務（半年後に社長）の秦豊吉が就き、吉本せい、林正之助、林弘高は役員として名を連ねた。三人はそれぞれ百株（一株二十円、合計で三百株、六千円）を保有した。この株券は今も英之さんがお持ちである。

京城宝塚劇場では映画と実演が行われ、石田一松や横山エンタツ・杉浦エノスケらが一団を組んで出演したほか、ある日の公演では三日間、漫才師七組、奇術一組、曲技一組が公演を行い、トリに「国定忠治」の実演も行った。そんな京城の舞台にはその後も多くの芸人たちが訪れ、その模様は度々、京城中央放送局（ＪＯＤＫ）からも中継された。

ニューヨークのウィリアム・モリスに倣って

一九四〇（昭和十五）年のある日、英之さんは父親に「どんなところか見せてやる」と言われ、陸軍省と海軍省へ連れて行ってもらったことがあったそうだ。

当時、国内では厳しい統制が敷かれ、興行界は当局の顔色を気にしながら活動しなければならなかった。そんな中、弘高が息子と共に軍部を訪問したのは新たな試みを提言するためであった。

弘高が提言したのは演芸移動隊なる組織を結成し、工場へ出張公演を行なうというものであった。当時、興行会社は銃後の戦力増強を円満にはかるための協力を求められていた。そんな軍部の意向をいち早く汲み取った弘高は、国策宣伝と慰労を兼ねた移動演芸を考案したのである。その活動母体になったのは海外視察後に設立した吉本映画演芸配給株式会社であった。

映画の製作や輸出入を目論んだ同社は、残念ながらフィルム不足によって映画製作の余裕がなくなり、社名からも「映画」の名称は外れ、事業内容は演芸陣の提供のみとなっていた。この派遣事業が戦時下において機能する訳だが、元々のヒントは海外から学んだものであった。当時、弘高は『吉本演芸配給会社の目指すは何か？』という新聞社の問に次のように答えている。

『これは紐育《ニューヨーク》のウィリアム・モーリスのやっている会社に倣ったものだが、まだ形式だけというきらいがあるが、いよいよ小屋を持たない芸人会社として独自の立場から今年はいやしくも演芸が入り込める場所には何処と言わず積極的に芸人を配給する段取である』（『読売新聞』昭和十五年一月十二日）

ウィリアム・モリスの会社とは一八九八（明治三十一）年創立のハリウッド四大エ

ージェンシーの一つであり、世界屈指のタレント事務所である。かつてはチャールズ・チャップリン、マリリン・モンロー、マルクス兄弟などを抱え、現在はラッセル・クロウ、トミー・リー・ジョーンズ、クエンティン・タランティーノなどがいる。そんな異国の大会社の手法を取り入れる弘高のアンテナの広さやセンスにはさすがのものがある。

弘高は海外から取り入れた新事業をいち早く当時の世相（戦時下）に溶け込ませようとしたのだ。当時の新聞記事でその狙いを語っている。

『軍需工場の職場に働らく人達のため〝新体制早分かり〟を無料で見せようというので、こんど吉本興業部では所属の金語楼、石田一松、川田義雄などのほか、漫才、浪曲、小唄等の精鋭を動員し、東京全市の殷賑《いんしん》軍需工場地帯を巡演…工場を舞台に使う移動演芸隊を組織することになった（中略）

吉本常務林弘高氏談　工業地帯の人々に〝新体制早分かり〟という風な娯楽を与えようというので画期的な計画を始めた、工場に働く人は忙しくて浅草まで出向いて来る時間はあるまい、と思ってこれを無料に奉仕することにした』（『読売新聞』昭和十

五年九月五日）

公演内容は基本国策の宣伝を主眼としたものだった。すると翌年、こうした取り組みに政府が絡む。

一九四一（昭和十六）年六月、大政翼賛会と内閣情報局斡旋の下、日本移動演劇連盟というものが設立され、吉本興業を含む興行会社は地方都市の勤労者に対し、健全で明朗な娯楽を提供するよう指導を受けた。

なぜ地方都市なのかというと、娯楽機関に恵まれていない地方こそ食料増産に勤しむ農山漁村であり、資材生産に励む工場や鉱山であったためだ。政府は国策の円満な遂行を図るためにも都市ではなく、こうした地方に対して優秀な娯楽を提供する必要があったのだ。

みんなが一つの場所に集まって楽しむ演芸は戦時体制下の窮屈な休暇を過ごすにはうってつけの娯楽だった。それは「一人ではなく集団で楽しむ」「みんなで笑う」ということが、その場にいる人々をより感動させるのに効果的だったためである。

吉本興業では移動演劇連盟への参加に伴い、移動演劇隊と演芸隊をそれぞれ結成。

演劇隊の隊長はピッコロ座の金平軍之助が務め、一九四一（昭和十六）年度は七十一回、一九四二（昭和十七）年は五月までに六十六回地方へ赴いた。

金平軍之助が一九四一（昭和十六）年七月六日から七月十六日まで秋田と新潟を訪れ、移動演劇を行った際の日記「移動演劇巡演記」が残っている。この時は、金平を団長に男子部員四名、女子部員四名、照明係一人、大道具一人、漫才師二人の十三名で赴き、現地の宿を転々としながら活動した様子が綴られている。左はその最終日（七月十六日）の記録である。

『十一日目（七月十六日）今日で秋田を、というより、この第一回巡演を終る。

みんな自然と、活き活きして、うれしそうだ。「大曲《おおまがり》」を好印象に左様ならして「横手《よこて》」を通り、今日の「湯澤《ゆざわ》」へ着く。珍しく雨。落ち着いた街。酒の良いのが出来る土地らしい。宿へ着くと、すぐ小さい清流のある街を通って「高告座」という会場。小さい映画館で舞台条件は頗る良くないのを準備し終り、一同駅へ東京吉本本社から、わざわざ視察に見える林弘高、瀬戸口寅雄、江森精一郎の三氏を迎える。勿論、正しい軍隊式行動である。千賀氏までが照明の手使いをして下さる等全員一致、熱演に、会場はいやが上にも好評でわきたち、東京から来られた三氏にも、充分「移動演劇」の実情を見て戴けたことは何よりだと思う。

「良かった」

林常務から、十年来きいたことのないホメ言葉を貰ったのも、自分としては、強い自信があったとはいえ、矢張りうれしい』（村崎敏郎『移動演劇運動とその反響』丹青書房）

移動演劇や移動演芸というものは日本以外にも存在する。満州国では移動列車と呼ばれる慰安列車があり、満鉄各沿線の更生施設や娯楽機関の乏しい場所で停車すると、列車をそのまま舞台として演劇、演芸を提供した。

また、同盟国のドイツやイタリアではトラックを使って移動演劇を行なっている。車体をそのまま利用した舞台で舞踊や腹話術などを披露するのだが、演芸隊到着の合図が響き渡ると、老婆も子供もこぞって駆けつけた。

実はこのトラックを用いた移動演芸は二〇一一（平成二十三）年の東日本大震災時に吉本興業が「あおぞら花月」と称して取り入れた慰問方法でもある。

弘高の陸軍省訪問

実は弘高が陸軍省の門を叩いたのは息子を連れていった時が最初ではない。一九三三（昭和八）年に弘高はやや緊張の面持ちで陸軍省を訪問した時があった。

一九五八（昭和三十三）年四月、アメリカ政府から返還された旧日本軍記録文書の中に『満受大日記（普）其3』という文書がある。満州事変勃発後の一九三三（昭和八）年二月に作成されたこの文書の中に「芸術家及演芸人派遣計画ノ件」という項目があった。

この派遣計画は関東軍参謀長が陸軍次官に申し込んだもので、陸軍省はその申し出を認可した後日、決裁案として「芸術家及演芸人派遣計画案」を提出した。

陸軍省が戦地に芸人を派遣する目的は二つあった。一つは満州国にいる兵隊たちを慰問するため。もう一つは帰国後に満州国の様子を国民に宣伝させるためである。後者は当時の移民政策が南米から満州国へシフトしていた関係もあり、多くの芸人が満州国での体験談をユーモラスに報告することで、移民を扇動するよう求められたものである。

昨今、テレビ番組でも芸人が巧みな話術や表現力を用いて商品を紹介すると、翌日からその商品の売上が急上昇したという話はよくある。それほど芸人は身近で且つ大きな影響力を持った存在なのだ。しかし、その能力は時が戦時下なら、陸軍省主導の下、プロパガンダの手段として活用されることになったのである。

陸軍省は派遣芸人に対し、御用船便乗の便宜や防寒着の貸与を行ったほか、支度費として人員、種類、地位、期間に応じて一人百円から二百円を支給している。さらに派遣先の関東軍でも満州滞在中の旅行、宿舎、休養の便宜、日当（一人一日五円）の支払い、満鉄パスの交付などの便宜が図られた。

派遣芸人の選択は当時の陸軍省新聞班と恤《じゅつ》兵部で行われた。新聞班とは一九一九（大正八）に新設された情報機関のことであり、一九三八（昭和十三）年に情報部、一九四〇（昭和十五）年に報道部と改称する。この「派遣計画案」が作成された当時の班長はのちにフィリピン侵攻作戦を指揮する本間雅晴であった。

もう一つの恤兵部は兵隊、遺族への慰問や慰問金の運用、恤兵品の現地配給などを行う部門だ。満州事変後の一九三二（昭和七）年一月に開設され、一九三七（昭和十二）年にその規模を拡大させる。恤兵部は日清戦争時にも同様の理由で設置例があることから、開戦の度に国民との窓口として機能してきた部署といえる。

彼らが派遣する芸人を選ぶ際、その判断基準になったのは、その芸人が「一流」であるかどうかであった。なぜ、「一流」と限定したのかいうと、それは宣伝効果を考慮した結果、芸人が世間にある程度の影響力を持った人物でなければならなかったためである。

とはいいながら、軍当局は「自発的な申し出にも対応する」という意向も示しており、臨機応変な対応をした。そして、この自発的な申し出によって慰問活動に名乗りをあげ、陸軍省の門を叩いたのが、外でもない弘高であった。

これからの時代は政府と上手に付き合っていかなあきません

この時、陸軍省の選定によって声がかかったのは東京吉本の柳家金語楼だけであった。しかし、金語楼を派遣するにあたって、今回の計画を知った弘高は大阪の姉に電話し、計画の詳細と自発的な芸人提供を進言した。

「姉様、これからの時代は政府と上手に付き合っていかなあきません。昨今は統制なんて言葉も聞こえてきよる。今回、陸軍が門戸を開けてくださっとるのですから、なるべく協力姿勢を見せといた方が今後の活動のためやと思います」

当局に目をつけられると、様々な活動に支障をきたす恐れがある。そして、そんな窮屈な時代の足音が近づいてきていることを弘高は気付いていたのだ。

「わかった。話は通しておくさかい、あんたが詳細を詰めておくれ。あと提供する芸人については正之助とよう相談して決めなはれ」

せいは弘高の理をすぐに受け入れ、その背中を押した。当時、東京の責任者になって五年目の年。まだマーカスショウを招聘する前の話であるが、興行界の空気に馴染み始めた弟の判断を尊重することで、東京における基盤づくりの励みになればというせいの判断だった。

弘高は永田町にあった陸軍省を訪ね、吉本興業で絶賛売り出し中の芸人を満州に派遣したい旨を伝えた。

その申し出を受けた陸軍省はすぐ準備に取り掛かり、一九三三（昭和八）年十一月に横山エンタツ・花菱アチャコ、石田一松、橋本鐵彦（引率）の四名を派遣すると決めた。この時に作成された軍の文書が残されている。

『派遣計画ヲ適用スルモ元来吉本興行合名会社（代表大阪市南区笠屋町四十五吉本セイ）カ自発的ニ願出テタルモノニシテ自費支弁スルモノニ付当方ニテハ仕度費及往復御用船ヲ給セス（中略）貴地ニ於テハ日当ヲ給スル必要ナキモ指導、各隊ヘノ通牒、満鉄パスノ交付、要スレハ輸送、僻地ニ於ケル宿泊上ノ便宜、防寒被服ノ貸与等ハ計画該当者ト同様ニ取扱ヒ相成度』（JACAR（アジア歴史資料センター）Ref.C04011722900昭和8．11．2～昭和8．11．29「満受大日記（普）其1 62／2」（防衛省防衛研究所））

エンタツ・アチャコはまだ「早慶戦」を創作していないが、じわじわと人気を得てきていた時期であり、もう一人の石田一松は浅草の萬成座で大活躍していた。もう一人、文書には講談師・神田伯龍の名前もあったが、名前の上から大きく「×」印が付けられていた。

　派遣されたアチャコは戦後、自伝に当地の様子を活写している。それによると、現地では警護の兵を付け、司令部の指示に従って行動したという。しかしある日、慰問終わりの帰り道で迷子になってしまう。不運にもそこは馬賊がはびこり、度々日本人を襲っている場所だったそうだ。（以下、文中のフジキ「藤木」はアチャコの本名である）

『夜の十時ごろで、あたりは真っ暗である。「橋本くーん、石田くーん」だれを呼んでも聞こえるのは、わたしの乗ってる馬のひずめの音と馬子の足音だけである。大声出しているうちに声もかすれてきた。イライラするし、心細くはなる。そんな気持ちも知らず、馬子がたびたび立ち止まる。「はよ、どんどん行け。はっとばすぞ」と怒鳴りつけても、相手に言葉が通じない。孤独との戦いが一時間も続いただろうか。「もうええわい、どうにでもなれ」わたしの気持ちはあきらめに変わってしまっていた。と、その時である。はるかかなたから「フ、ジ、キ、クーン」という声がかすかに聞こえてきたのだ。「オーイ、ここや、ここや」おたがいがまるで手さぐりするような

状態で再会したときは、どっと安堵の涙がこぼれ落ちた』（花菱アチャコ『遊芸稼人アチャコ泣き笑い半生記』アート出版）

戦時下での活動。慰問中の芸人の戦死

戦争激化に伴い、劇場の戦時色も濃くなった。舞台の出番を知らせるチラシには軍事標語が並び、公演内容も戦意高揚を目的としたものばかりに。吉本ショウも敵性語を避けるため、「吉本楽劇隊」と名称を変えて活動することになった。

一九三五（昭和十）年の疑獄事件以降、すっかり大人しくなった吉本せいは事務に勤しみ、戦争へ駆り出される芸人たちを見送る傍ら、戦地の兵隊に向けた慰問袋の生産や婦人会への協力など銃後における女性の役割を全うした。

慰問袋というのは新聞や雑誌、キャラメル、氷砂糖、煙草などを詰め込んだ袋のことで、吉本興業ではその中に漫才台本や自社広報誌なども一緒に入れて戦地へ送り届けた。

大阪吉本では慰問や応召による芸人減少を理由に閉館する劇場も増え、一九四一

（昭和十六）年十月十三日には創業の地・天満花月（旧第二文芸館）も閉館することになった。

　戦時下では国内外への慰問活動が盛んに行なわれた。戦地慰問は増加の一途を辿り、毎月誰かが海を渡った。しかしそんなある日、東京吉本所属の芸人が慰問中に戦死してしまう。

　亡くなったのは花園愛子という女性で、夫の桂金吾と夫婦漫才で人気を博していた。二人の吹込みレコードを聞くと、愛子の丁寧な言葉遣いが印象的で、その声質は上品かつ温和な人柄を感じさせた。

　二人は一九四一（昭和十六）年六月、陸軍省から北支へ派遣された。金吾が団長だったため、妻の愛子は慰問期間中、夫のことを「あなた」とは呼ばず、「団長さん」と呼ぶように努めていた。慰問隊は北京を皮切りに辺境地まで赴いたが、愛子が銃撃戦に巻き込まれたのは車で次の慰問先へ移動している最中だった。

　当時の書物『国民娯楽演芸読本』（朝日書房）の中にその時の様子が記されている。本文には美辞麗句が並び、事実は針小棒大されているかもしれないが、それによると、右大腿部に二発の銃弾を受けた愛子は致命傷を負い、激戦の中では手当もできず、夫の金吾が駆け寄り抱き上げた時にはもう虫の息だったそうだ。

『金吾は倒れている愛子を抱き起すと、耳許へ口を寄せ「おい、しっかりしろ、敵は逃げたぞ、みんな無事だぞ！　判るかッ」と叫んだ。夫の声にかすかに眼を開けた愛子は、さも満足そうにニッコリと微笑んだが「団長さん、団長さん」と二度呟やくとこときれた。見事な大和撫子の最後だった』（前掲）

当地で軍官民による告別式が営まれ、愛子は部隊から感謝状を授かり、残された金吾は遺骨を携えたまま最後まで慰問した。そんな愛子の戦死はすぐさま日本でも報じられ、その一報は東京に残した十歳の娘にも届いた。

帰国後、帝都漫才協会によって会葬が営まれ、三千人以上の会葬者が訪れた。弘高も東京花月劇場で愛子の慰問話を基にした舞台を創作し、追悼公演を行って彼女の死を偲んだ。

その愛子はのちに勲八等を授かったほか、戦後二十年目の一九六〇（昭和四十）年四月、春の例大祭で靖国神社に祀られることが決まった。

そして、一九四三（昭和十八）年には弘高自身も戦地慰問を行なう。当時、国内で次のような派遣が決まった。

『陸軍省では今回前線将兵の士気昂揚とその労苦を犒《ねぎら》う目的で芸能界全般より有名人を臨時軍属として広く各戦線へ派遣することになり、第一回慰問使に浪曲界から寿々木米若、広沢虎造、梅中軒鶯童、春日井梅鶯の四名を一月中旬から二ヶ月間にわたり南方戦線へ派遣、従軍させることになった（中略）帝国劇場で芸能文化連盟主催で「芸能従軍壮行会」を陸海軍報道部員、情報局員など出席のもとに開くが、この日の利益金はそれぞれ恤兵金として陸海軍へ献金する』（「大阪毎日新聞」昭和十八年十二月二十八日）

名前の挙がった四名とも吉本興業の浪曲師である。出発は一月十日、米若と虎造が羽田から軍用機で飛び立つと、翌日に鶯童と梅鶯、そして二人の同行者として弘高も海を渡った。各々は東南アジア周辺を慰問したが、現地では米若がデング熱にかかったり、弘高が腎盂炎を患うなど苦労の絶えない慰問となった。

一方の内地慰問では一九四三（昭和十八）年九月に「増産推進芸能隊」というものが組織される。これは半年間かけて全国各五百カ所の農村、工場などに芸能人を派遣しようというもので、吉本興業の芸人たちも多数参加した。

「慰問先ではいい食事ができたので、僕も付いて行ったことがあるよ」

そう語ったのは英之さんである。

戦争末期の一九四四（昭和十九）年、弘高の長女は十四歳、長男（英之）は十一歳、次男は九歳と、まだまだ育児の真っ盛りであった。公私共に多忙を極める弘高であったが、利喜の内助の功もあって、どうにか戦時下を乗り切れるといった状況であった。

「お国のため、最後まで精一杯努めよう」

この頃になると空襲が多くなり、翌年には大空襲が東京を襲う。それでも、この不安定な世情を乗り越えた先に希望はある。弘高は利喜にそう語った。

「そうだね、頑張りましょう」

郊外にあった荻窪邸は敷地も広大であったため、空襲で焼け出された人たちの一時避難場所となっていた。弘高はそんな人たちを二、三日宿泊させることを厭わず、利喜に至っては古ぶとんを買い占め、避難者に分け与えたという。

慰問演芸団「わらわし隊」

戦時下の活動において弘高は国内外で積極的に慰問活動を行った。しかし、それは大阪吉本でも同じである。特に朝日新聞社と一緒になって行った活動は当時、世間の注目を浴びた。弘高が海外視察や新会社の設立で忙しくしていた頃の大阪の様子も見ておこう。

日中戦争が始まると、大阪吉本では朝日新聞社と手を組み、慰問団を結成した。実は両社は一九三〇（昭和六）年にも手を組み、戦地に慰問団を派遣したことがあった。二度目となる今回は一九三八（昭和十三）年一月より派遣することになり、前回よりも大規模になる慰問団は「わらわし隊」と名付けられ、メンバーも一流芸人たちを集めた。

わらわし隊の名前は当時の航空隊「荒鷲隊」をもじった駄洒落であるが、『週刊朝日』でその名前を取り上げたところ、キャッチーなネーミングが耳目を集めた。

派遣は大連・北京方面の北支班と上海・南京方面の中支班に分けられ、北支班には花菱アチャコ・千歳家今男らのほか、東京吉本の柳家金語楼と柳家三亀松も選ばれた。中支班は横山エンタツ・杉浦エノスケ、ミスワカナ・玉松一郎ら、東京吉本から石田一松が選ばれた。さらに中支班には林正之助の同行も決まった。

ちなみにこの時、「わらわし留守部隊」といって日本に留まった芸人たちが在阪の陸軍病院を慰問している。

わらわし隊の隊長はメンバーで唯一軍籍経験がある柳家金語楼が務め、一行には「従軍記者」という肩書きが与えられたほか、好待遇が約束された。正之助は戦後に中尉待遇だったと明かしている。

国内では芸人への締め付けが厳しくなっていたが、戦地ではそれもなかった。むしろ、戦争とかけ離れた題材こそ求められた。

柳家三亀松は正月風情のある曲や馴染みの歌謡曲を多くやったといい、隊長の柳家金語楼は酔っぱらいの老婆や子供のいたずらなど無害な題材を演じたそうだ。また、当時のニュースフィルム『朝日世界ニュース』内にわらわし隊の映像が残っており、その中でエンタツ・エノスケの二人は赤ん坊のネタを披露している。

こうした日常を切り取った芸を披露することにわらわし隊の意味があった。

実は第一次世界大戦時のドイツ軍を研究した書物に「長引く戦争による精神の緊張状態から、多くの兵士にはクリスマスを家で平穏に過ごしたいという思いが充満し、結果、士気の低下に繋がった」という考察がある。

今回の派遣時期には節分や中国の春節（旧正月）が含まれていたが、この日程にも兵隊たちを目の前の戦争という課題から切り離すのには、絶好の機会だと考慮された節がある。

つまりは緊張と弛緩という話になる。わらわし隊は戦闘状態にある兵隊の緊張を和らげる役割を担い、芸の内容も無邪気かつ日本的なものが求められたのである。そのため、唯一の女性として参加したワカナは晴れ着を持参したし、節分時にはメンバー全員が袴姿で兵隊たちと一緒に豆まきをやったという記録もあった。

また、わらわし隊の公演では、兵隊たちは「一堂に介して笑うこと」が重要視されたが、これもみんなで身を寄せ合いながら笑うほうが精神上よいとされたからである。

そんなわらわし隊の足跡を伝える史料の中に『皇軍慰問旅　わらわし隊報告記』というものがある。これはわらわし隊帰還後の一九三八（昭和十三）年四月に発行されたB5版四十三頁の小冊子だ。表紙には軍服姿の柳家金語楼と横山エンタツの似顔絵が描かれており、「十銭」と値段が付されている。

執筆者はわらわし隊メンバーの京山若丸と石田一松。それぞれ北支班、中支班に参加する傍ら、動向の一端を記録していた。若丸は当時、六十一歳の最高齢で参加していた関西浪曲界の重鎮である。彼の筆によると、わらわし隊は一等待遇だったとはいえ、乗る列車はすべて貨物列車、それも板敷きの上にアンペラ一枚だったという。車内には炭火の煙がこもり、ひどい頭痛に襲われた若丸は旅の途中、遺書をしたためたと報告記に綴っている。

『アチャやん、僕はもう覚悟した、直接銃はとらなくても、皇軍のお役に立って死ねると思へば、これも男子の本懐ですわ、僕が死んだらこの書置、女房の奴に手渡してんか――』（京山若丸・石田一松『皇軍慰問旅 わらわし隊報告記』亜細亜出版社）

結果的に若丸の心配は杞憂に終わるが、この言葉からは一人のベテラン芸人としての覚悟が伝わってくる。さらに若丸はもう一つ興味深い記録を残している。それは司令部の一室で休んだときのことだった。

『兵隊さんが代わりばんこにストーブの石炭を入れにきてくれるのだ。これには私も恐縮して「此処のストーブは自分等が代り番こにやりますから、どうかお休み下さい」とお断りしたが、どうしても訊いてはくれず、明方まで入替り立替り世話をしてくれた。

慰問に来たわれわれが、前線で働く兵隊さんに面倒をかけては申訳ないのだが、向う様では一寸ともそんな事を意に介せず、人懐かしがつて好意的に接待してくれたのだ』（前掲）

部屋に来た兵隊たちは芸人たちの寝顔を見て「面白い顔をしているなあ」と感心した。その晩、部屋のストーブを焚いてくれた兵隊の数は合計で四十八人にも上ったそうだ。

わらわし隊は行く先々で歓待を受けたが、その公演を見る兵隊たちの心中は様々であった。無邪気に笑う者もいれば、戦友の死を思い出し、「あいつにも見せてやりたかったな」と涙を流して鑑賞する者もいた。

出発から約一カ月後、中支班が長崎、北支班が下関の港に戻った。合流した一同は無事を喜び合いながら大阪へ移動すると、休む間もなく今度は帰還報告会に出演した。

帰還報告会は大阪の朝日会館をはじめ、南地花月、北新地花月倶楽部、京都花月劇場などで行なわれ、その模様はラジオ中継されたほか、後日、大阪朝日新聞（昭和十三年三月九日）でも詳細が報じられた。

報告会は戦地の現状や兵隊の様子などを銃後の国民に伝える「宣伝」目的の会であった。だが、ある日の報告会では解散したエンタツとアチャコが一夜限りの再結成を果たし、国策漫才を披露するなど吉本興業にとっても特別な舞台であったようだ。

その後、東京、横浜で報告会を行った際は弘高が公演場所や日程を調整した。この東京公演時の純利益五千円は軍用機献納資金として軍に寄託された。その後、弘高の管轄である名古屋で報告会が行われたが、それとは別の日に、わらわし隊メンバーのうち柳家金語楼、石田一松、柳家三亀松の東京芸人だけの報告会が行なわれたこともあった。

報告会はどの会場も老若男女入り交じる混雑具合で、通路さえ立ち見客で埋まる大盛況だった。その理由は彼らの動向が朝日新聞で報じられていたことに加え、夫や息子を戦地に送っている家族が少しでも様子を知りたいと集まったためでもあった。

今ほど笑うことの大切さを実感した時はありません

わらわし隊の盛り上がりは瀆職容疑の汚名を返上しただけでなく、企業価値を過去最高にまで引き上げた。すると、大阪吉本ではわらわし隊メンバーを講師とする新人漫才師の養成所開校を決める。東清水町の事務所を改造して教室を作り、エンタツやアチャコ、漫才作家らが講師として新人を養成することにしたのだ。

一九三九（昭和十四）年七月、「漫才道場」という名前で入学希望者を呼びかけたところ、希望者が全国各地から殺到。受験者は五十代の老大道易者から七歳の天才少女までと幅広く、試験に受かった者は三カ月間、笑いの基礎を叩き込まれた。

第一期生には秋田Ａスケや柳エンドなど戦後に活躍する漫才師もいた。しかし、戦局が悪化すると、彼らは徴兵や徴用によって離散してしまい、漫才道場も閉校となった。

それとは別に、わらわし隊を契機に迎えた会社の絶頂期は吉本せいの投機心も煽った。わらわし隊の活動が落ち着いた同年九月、せいは大阪のシンボル・通天閣を買収した。当時、千日前の大劇場建設が思い通りにならない中、その憂さを晴らすかのように、せいは大阪のシンボル・通天閣を掌中に収めた。

しかし、せっかく手に入れた通天閣もわずか五年で姿を消してしまう。それは一九四三（昭和十八）年一月、通天閣の脚元にあった洋画封切館「大橋座」から火災が発生し、瞬く間に通天閣とその両脇にあった吉本興業の劇場（新世界花月映画劇場と芦辺劇場）を呑み込んだためである。

炎上から一カ月後、吉本せいは通天閣を解体し、軍需資材として大阪府へ献納することを決めた。これは「維持や修繕に費やす資材、費用の捻出が難しい」という理由からであったが、「軍に献納する姿こそ今の時代に相応しい」という世論を鑑みた判断でもあった。折しも世間では金属献納運動が起こり、「通天閣の鉄くずも献納すべきだ」との声が挙がっていた。

二月十三日、通天閣を紅白幕で囲い献納式を行った。献納した鉄くずは約三百トンにも及んだが、それらは戦争に使用されることなく、赤錆を帯びた状態で終戦を迎えた。このことについてせいは晩年、「その役立たずが、むしろ日本にとって幸せだった」と語った。

大阪のシンボル・通天閣。吉本興業と同じ創業年度であることから、「吉本興業と通天閣は兄弟やな」などと言われることがある。そんな通天閣の献納式が行われた、二月十三日。その日は吉本泰三の十九年目の命日であった。この、せいが献納日を夫の命日に合わせた計らいは、この時になっても、吉本夫婦の絆が依然として健在であることを教えてくれる。

時代は終戦が近づいていた。終戦直前の弘高はウィリアム・モリスに習った芸人配給事業を中心に、東京都内はもとより関東圏に所属の芸人や俳優らを送り出す日々であった。弘高がかつて掲げた「小屋を持たない興行会社」は戦時下において大いに機能し、直営ではない提携館を次々と増やすことに繋がった。

同時期には東宝とも提携し、「東宝演芸株式会社」（専務に弘高）を設立したことで、東宝系の劇場にも所属の芸人や俳優たちが出向くことになった。

そのほか渋谷や池袋、銀座にも提携劇場を持ち、郊外の遊興地である荒川区尾久町の尾久金美術館も尾久花月劇場と改めたほか、横須賀でも花月劇場と名付けた提携館が生まれている（一九四一年）。

終戦間際、弘高は銀座の事務所に社員や芸人らを集め、げっそりと痩せた顔をしながらも、力のこもった声で一致団結を呼びかけた。

「今ほど笑うことの大切さを実感した時はありません。戦時下という過酷な状況やからこそ、笑いは求められています。そんな要求に応えられるのは我々だけです。笑いこそ生きるためのエネルギー。誇りと自覚と使命を持って活動しよう」

これは姉のせい、兄の正之助、そして弘高が「笑い」というものに持つ共通認識であった。特に兄の正之助からは「笑い」について学ぶことが多かった。兄ほど芸人を愛し、笑いを愛した人間もいなかった。

「ショウやら映画もええけど、やっぱり芸人やで。笑いほど体にええことはない！」

顔を合わせる度に、兄が言っていた言葉が戦時下になって身に沁みるほどよくわかった。

その言葉を胸に最後まで興行会社としての責務を果たすべく弘高は奮闘した。

だが、一九四五（昭和二十）年八月六日に広島、九日に長崎で原子爆弾が投下され、十五日ついに終戦を迎えた。

同時に弘高の演芸・演劇報国も終わりを告げた。

（上）名古屋劇場。「東宝映画と吉本ショウ」の看板が掲げられている
（下）名古屋へやって来た吉本ショウの面々

海外視察前の壮行会。兄の林正之助が開いてくれた（前列中央に正之助、前列左から二人目に林弘高、後列左から二人目に橋本鐵彦）

『英之ファイル』にあった海外視察時のスナップ写真

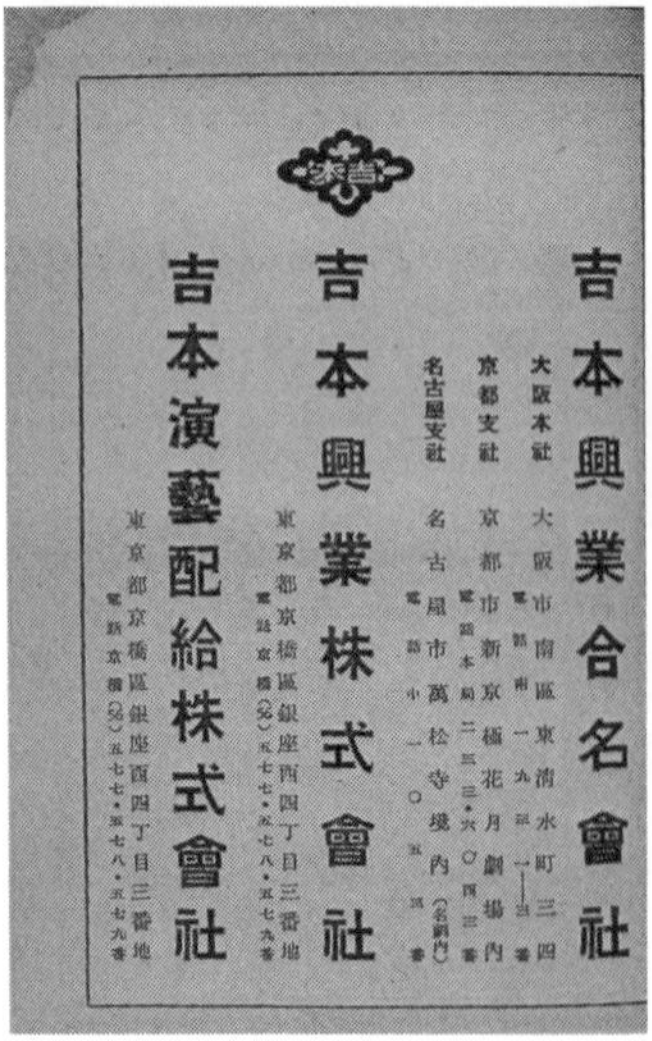

(上)家族団らんの様子（荻窪の自宅にて）
(下右)株式会社京城宝塚劇場の株券。林弘高は役員として名を連ねた（下左)戦前、東京の銀座には吉本興業株式会社と吉本演芸配給株式会社が置かれていた（昭和 18 年/1943 年度版『映画年鑑』より）

(上)林弘高の働きかけによって実現した陸軍省による慰問派遣(昭和 8/1933 年 11 月)
(下)軍事標語が並ぶ戦時中のチラシ(名古屋の赤門花月劇場)

慰問袋を縫う吉本せい

第四章

戦後にこそ輝いた

岩田専太郎の美人画をエントランスに飾りたい

東京に「三十路会」という親睦会があった。同会は一九三七（昭和十二）年、三十歳前後（当時）の同志が集まった会で、俳優の島田正吾や辰巳柳太郎、長谷川一夫、伊志井寛、作家の中野実などそうそうたるメンツの中に林弘高もいた。

弘高が同会の中心メンバーだったという事実は、彼が東京で築いた交友関係の広さを物語っている。

夫人同伴で出席することが決まりだった同会には妻の利喜も出席し、戦後も定期的に開催されるほど会の結束は強かった。そんな三十路会は息子の英之さんにとってもかけがえのない会だという。

弘高は一九七一（昭和四十六）年に亡くなるが、その際、三十路会の面々がひっきりなしに弔問に訪れ、英之さんはそこで島田正吾が連れてきた一人娘と出会った。その一人娘というのが、今回、取材で訪問した際、玄関先で出迎えてくれた右子夫人である。

「その当時、三十路会の面々が次々と亡くなってね。葬儀に行くたびに島田さんの娘と会うんだ。するとある日、ある奥さんが世話を焼いてね。そんなに会っているなら一緒になっちゃえば？　なんて言って。一人娘だからくれないよ、なんて言いつつ島田の親父さんに言ったら、いいよって。それで結婚したんですよ」

英之さんと島田正吾の娘（右子夫人）を結んだある奥さんというのは画家、岩田専太郎の夫人ことである。岩田専太郎もまた「三十路会」の中心メンバーであり、弘高と結びつきの強い人物であった。

終戦から一年が経ったある日、弘高は岩田と会い、あるお願い事をした。

「専ちゃん、今度、うちで占領軍専用のキャバレーを経営することになったのやけど、そのエントランスに飾る絵を一つ描いてくれへんやろうか？」

岩田といえば挿絵の第一人者であり、彼の挿絵は読物や小説の迫力を強め、印象を深めるために必要不可欠な存在であった。なかでも岩田が描く美男美女は岩田フェイスと称され、美人画を描かせれば彼の右に出るものはいなかった。

「日本の洗練された絵画でアメリカの占領軍を迎え入れたいんや」

弘高は海外視察を経験して以来、欧米に対する対抗意識が強くなったと同時に、日本人としてのプライドも高くなった。そのため今回、占領軍を迎えるホストとしてなるべく恥じないものを提供したいという思いが強くあった。

日本人としての矜持とアメリカ人へのおもてなし精神が交錯する弘高の思いを受け取った岩田はその要望を受け入れ、三カ月後に迫ったオープンに合わせて渾身の絵画を描いてくれることになった。

当時の雑誌『富士』(世界社)に岩田の絵を評した記事が掲載されている。そこでは岩田の絵の持つ特徴が次のように説明されていた。

『彼の絵には、彼独特の持味がある。退廃的と言って悪ければ淡い憂愁の漂う、感傷的な味が常に流れている。元来、我が国の大衆の感情の中には、物悲しさを好む傾向がある。あのセンチな流行歌がヒットするのも良い例である。専太郎の絵がこの大衆の心の琴線にふれているのが大受しているのに違いない』(『富士』昭和二十七年二月一日)

岩田は東京の浅草生まれ。幼少期から寄席通いをしていたといい、彼の父親にいたっては柳家小さんに弟子入りしようとして「カタギの人が何事ですか」と怒られたことがあったそうだ。小学校卒業後に家庭の事情で京都に移り住んだ岩田は、友禅や印刷の図案を描くアルバイトを始めた。それがのちに挿絵画家になるきっかけになる。

十九歳で東京に戻るが、折しも関東大震災に被災し大阪に転居。大阪で『女性』『苦楽』の二誌を発行するプラトン社に入社すると、その時手がけた表紙が大正モダニズムを代表する作品となった。

岩田が弘高に頼まれて描いたのも五人の美女の絵だった。それぞれモダンな着物をまとった五人は一重まぶたのきりっとした顔をし、その表情には涼し気な感じがあり、白い肌、黒髪、丸顔などは古風な日本人女性という印象を与えた。

そして、その絵は幅二メートル以上ある巨大な額縁に入れられ、キャバレーのエントランスに飾られることになった。ちなみにこの時、兄の正之助は「絵よりも額縁のほうが高く付いたわ」とボヤいたそうだ。

そんな岩田の美人画が飾られたキャバレーとはいったいどんな場所だったのか。そもそもなぜ、吉本興業がキャバレーを経営することになったのか。次はその顚末について見ていきたい。

占領軍が京都にやって来る

終戦以後、大阪吉本は演芸場を映画館経営に転換していくが、看板には「花月」の文字ではなく、代わって「グランド」という文字が掲げられるようになった。

和英辞典を引くと、グランド（grand）には「（大きさ・程度・範囲の点で）壮大な、豪華な、立派な」「大きくて豪華な建物などの名前としても使われる」とある。

実は吉本興業がこの「グランド」という言葉を使い始めるのには一つの転機がある。それが京都祇園で始めた占領軍専用キャバレーの経営である。

先人たちが語り継いできた話によれば、このキャバレーは大繁盛したそうだ。しかし今回、新たに見つけた資料によれば、目に見える表面の姿と、目に見えない裏面の姿はまったく異なっていたことがわかった。

新たに見つけた資料というのは、当時の裁判記録である。今回はこれ以上ない客観的資料に基づいて、吉本興業の歴史上で異彩を放つキャバレー経営の実態に迫った。

まず終戦直後、京都府にはアメリカ第六軍の司令部が置かれることになり、先遣将校としてヘンライン大佐、イーリ大佐が京都入り。二人は府内各地を視察する傍ら、連絡京都委員会と会談した。

その後、先遣調査隊として十五人のアメリカ兵が京都入りし、翌日から市内の施設を調査すると、後日、大部隊の本格的な進駐が始まり、第六軍司令官クルーガー大佐、憲兵司令官ベル中佐らも京都入りを果たした。

京都の人々は「占領軍にどのような危害を加えられるのだろうか」と戦々恐々とし、地方へ疎開する婦女子もいた。また当時、新聞社が「みだらな服装は災いを招くから控えよ」「婦女子は占領軍と会話しないように」などと啓蒙したため、第六軍の本隊が進入した際、京都の目抜き通りは閑散としていた。

この時、京都府は治安維持のためにキャバレーの設置を考えた。すでに市内では「キャバレー鴨川」「キャバレー歌舞伎」といった店がオープンしていたが、京都五花街の一つ祇園にも大規模なキャバレーの設置を計画し、一時はその場所として京都四条の「南座」が候補に挙がったが、最終的に花見小路通の「祇園甲部歌舞練場」に設けることで話がついた。

祇園甲部歌舞練場は一八七〇（明治六）年から芸能練習場および「都おどり」の会場として使用され、二〇〇一（平成十三）年には国の有形文化財にも登録された場所である。現在の場所には一九一三（大正二）年に移り、建物は京都八坂女紅場財団法人（のちに学校法人京都八坂女紅場学園）によって建築された。

純和風の建物の内装は豪華絢爛の一言に尽きる。特に都おどりが催される大講堂には数百の高級椅子と机が並び、ドイツ製のグランドピアノが光彩を放つ。そんな天井から襖まで行き届いた優雅さは日本一とも称された。

しかし、歌舞練場は戦争末期、風船爆弾の工場として使用され、終戦直後は観客席の三分の一は床がはがれた状態だった。

また京都府は歌舞練場以外に、隣接する「八坂クラブ」と「弥栄会館」の同時提供も求めた。八坂クラブは教場演習場と財団法人の事務所であり、弥栄会館は一九四四（昭和十九）年に劇場にする予定で建築されたものだ。

キャバレーの経営を依頼された吉本興業

一九四五（昭和二十）年九月二十四日、二十五日の二日間、当時の京都府知事は祇園の組合兼財団法人理事長を府庁に招いて懇願した。

「キャバレーや映画館といった占領軍専用の娯楽施設に充てるため、お持ちの歌舞練場を提供してもらいたい」

しかし、理事長は申し出を断る。

「歌舞練場はキャバレーなんかに使う建物やおへん。平和が戻れば本来の目的である芸妓の技芸修得や公演会場として必要不可欠になりますし、今は財政も苦しく改装費用もなければ、経験もないので承諾できまへん」

ところが京都府は引かなかった。今度は警察関係者が間に入り、国内情勢や治安問題などを理由に提供を迫った。

「キャバレーの経営が不可能ならば、府と祇園で適当な経営者を見つけよう。だから土地建物の提供だけでも承諾してくれ」

半ば強圧的に依頼すると、京都府は続けた。

「必ず迷惑はかけないようにする。当然、祇園がこうむる損害も国で補償する」

補償の言質を取った祇園は「致し方ない。お国のためだ」と申し出を受諾。娯楽施設（占領軍専用キャバレーおよび映画館）として歌舞練場、弥栄会館、八坂クラブの提供を決めた。

そして、祇園では成し得ない経営の一切を「誰に頼もうか」という話になった時、候補に挙がったのが吉本興業だった。

この時、祇園は娯楽施設の運営者について、占領軍が撤退した際、円満に建物を返却してくれる相手であることを望んだ。京都府は「松竹株式会社はどうか？」と提案したが、祇園は同社を希望せず、代わって吉本興業に依頼することを望んだ。

というのも当時、祇園と松竹の間にはいくつかの揉め事があったといい、一方の吉本興業とは京都花月劇場の支配人が祇園関係者と知り合いだったこともあって後者に白羽の矢が立った。

京都府と祇園の関係者が吉本興業に訪れた。応じたのは兄の正之助だった。

「ぜひとも祇園に代わってキャバレーと娯楽施設の経営をしていただきたい」

　正之助は眉をひそめた。「ひとまず、実地見学をさせてくれ」とお願いし、後日祇園まで足を運んだが、腹の内では固辞する意志を決めていた。慎重派の正之助にとって未知のキャバレー経営など手を出すメリットがなかった。

「このような大規模なキャバレー経営は経験もなく自信もない。申し訳ないが他社をあたってくだされ」

　見学から数日後、正之助はきっぱりと申し出を断った。ところが、京都府と祇園の関係者は心中覚悟とでも言わん形相で懇願を続けた。

「絶対に損はさせません！　改装費についても国で負担しますから、何卒、経営の方をお願いします！」

　こうも必死に訴えられては考えも揺るぎそうになる。正之助は熟考した。そして、これまでと、これからの付き合いも踏まえると、「仕方おまへんな」と渋々ながらも申し出を承諾するほかなかった。

　歌舞練場は大規模な改装を必要とした。工事着手につき、正之助は所要経費の前払いを求めたが、府知事は「支出についてはまだ政府と折衝していないので、費用は吉本さんで立て替えてほしい。その代わり後日必ず費用は補償しますので」とした。

そうは言っても、当時の吉本興業は逼迫した経済状況にあった。今度は費用の負担を祇園に依頼した。正之助からすれば「本来は祇園さんが行うべき経営を代わりにやるんですさかい、お願いしますわ」という思いであった。

「仰る通りです」とその点に関しては祇園も頭が上がらなかった。しかし、当時の祇園の財政は吉本以上に厳しかったため、祇園は妥協案を提示。提供する三施設のうち、弥栄会館の工事費用のみ祇園が一部負担し、残りは吉本興業の負担ということになった。

工事資金は臨時資金調整法によって凍結されていた火災保険を日銀に申請し、解除してもらった。

占領軍から「クリスマスに開場できるように」と頼まれた正之助は、建築工事関係を木村組に、電気工事関係を弘光電気商会に依頼し、突貫工事を始めた。当時の物資不足は深刻であったが、木材、釘などは特配を受け、占領軍指導の下、約三カ月で改装を済ませた。

改装後の歌舞練場は花道が撤去され、柱も数本抜き替えられた。舞台はダンスフロアーと酒席になり、建物の一部にはオフィサールーム、ティールーム、クロークルームも作られた。大理石造りの便所がタイル張りの洋式便所になったほか、渡り廊下の撤去、庭の改造、暖房機械室の新設など、もはや従来の目的である都おどりは実施不可能な状態に姿を変えた。

歌舞練場隣の弥栄会館もヤサカ劇場（のち映画館「グランド会館」）とする計画で改装が進み、観客用の椅子、エレベーター、暖房機器が設置され、地下にはダンサー用の更衣室と身体検査室が設けられた。もう一つの八坂クラブは付属の茶室のみそのまま使用し、残りはダンサーや吉本従業員の宿舎とした。

また、吉本興業は歌舞練場の一部を安宅産業株式会社に権利金二十万円、賃料一カ月一万円で転貸し、安宅産業はそこで占領軍向けの雑貨及び貿易品の展示販売店「シヨールーム」とレストラン「ブルニエ」を経営することになった。

こうして、ついにキャバレー、劇場（映画館）、その他を完備する占領軍専用娯楽施設が完成した。

しかし、全施設を接収された祇園は無収入になっただけでなく、改装費の負担や税金保険料の支払いもあったため、形ばかりの賃料として年三十万円の賃借を吉本興業に依頼し、正之助と契約書を交わす。同時に賃借期限を十年と定め、占領がそれよりも短期に終わった場合はその時点で返還する約束も交わした。

総工費、約一千五百万円を費やした純洋式キャバレーの名称は「グランド京都」に決定した。

吉本興業は設計から工事まですべての工程に立会い、占領軍の無茶な要望を実現させるべく奔走した。

「More grand! more grand!」

そんな指示が工事の途中に飛び交っていたのかもしれないが、占領軍が理想とした「グランド」を見事に実現させた吉本興業は以降、「グランド」の看板を好んで使用するようになる。そこには「占領軍の期待を上回ってやった」という自負があったのかもしれない。

当初の予定より二日遅れの一九四五（昭和二十）年十二月二十七日、京都府と占領軍立ち会いの下、盛大な開場式が行われ、東京から弘高も出席した。

弘高はかつてドイツやアメリカで見てきたキャバレー文化がついに日本で、それも自分たちの手で作られたという興奮を隠しきれず、大阪吉本の力になれることがあればと、親交のあった岩田専太郎に絵画を依頼した。その美人画がとうとうグランド京都のエントランスに飾られ、衆目を集める日が来たのであった。

吉本興業の戦後復興を見守る存在となった五人の美女。しかし、彼女たちの瞳が占領軍の乱痴気騒ぎを映し出す傍ら、その瞳の端には、経営不振に苦悩する日本人の姿も捉えていた。

振るわなかった営業成績

吉本興業ではオープンに先駆けてダンサーやボーイを募集した。当時の京都新聞に募集要項が掲載されているが、女性ダンサーの募集は高等女学校を卒業した十七歳から二十歳までが対象で、ほかの通訳やバーテンダー、エレベーター係なども含めると約九百名にもなる大規模な雇用を謳っていた。ただし、採用者はその後の面接によって半分以下に絞られた。

ダンスはこの時に雇われた日本人ダンス教師と占領軍の下士官らが指導した。当時、ダンサーとして雇われた者の中には食糧不足やインフレの世の中を生き抜くために、一家を代表して来た者も多く、女子専門学校に通う者や華族の娘たちもいた。

準備の傍ら、京都府と祇園はグランド京都を占領軍専用にしてもらうべく軍に懇願し、承認を得ることに成功する。だが、軍の公認を維持するためにはキャバレーの管理を任せなければならなかった。

グランド京都では日本人客の入場が許されず、経営全般含め、ダンサーの検診から在庫ビールの点検まですべて軍の憲兵が行った。占領軍相手のグランド京都では入場税や飲食税も課せられず、吉本興業の収入は入場料（十円）、ビール代（一本二円～七円）、ダンス券の四割と手数料のみ。その他飲食物はドルの軍票で支払われ、手数料も支払われなかった。

ダンサーの収入は基本給とダンス券の六割。ダンスは一回二円、オールナイトは百円というのが相場だった。当時のサラリーマンの給料が十年目の社員で百五十円から二百五十円の時代に、ナンバーワンといわれたダンサーは十日で五百七十円を稼ぎ出したといい、チップを含めると、実際はその倍以上を稼いでいたと思われる。

グランド京都では様々な余興も行われた。ある日は夕刊京都新聞社主催で「グランド京都競輪」というものを開催。「ダンサーA級、B級総出演」の触れ込みで六日間、ダンサーたちによる三輪車レースを行なった。別の日には日本屈指のジャズプレイヤー、中沢寿士のバンドが連日ゲスト出演したほか、クリスマスには笠置シヅ子、江利チエミ、美空ひばり、白鳥みづえなどが出演し話題となった。

ところが営業成績は振るわなかった。実質の経営は占領軍の管理下にあり、吉本興業はただ労務管理をするだけだった。料金は極端に安く設定され、値上げの陳情もことごとく不許可とされた。仮に軍の指示に従わなければ専用が解除され、将兵の出入禁止（オフリミット）となるだけ。吉本興業は毎晩上がらない収益に苦慮した。

いよいよ経営困難となって廃業申請を申し出たが、「ほかに替わる施設がない」との理由でそれも許されず、結果、グランド京都は数百万円の大赤字を計上した。

この経営不振にはアメリカ政府による方針転換の影響もあった。京都の駐留部隊は小規模なものに変更され、駐留兵の数は当初の予想よりも遥かに減少していた。

そのため、当初は占領軍専用の映画館にする予定だった弥栄会館も、一九四五（昭和二十）年十一月から「ヤサカ劇場」と改称し、日本人向けの演芸場として使用。その後、日本人向けの映画館「ヤサカ会館」となった。

一九四八（昭和二十三）年、今度は経営困難を理由に日本人の入場許可を陳情したところ、許可が下りたため、翌年四月から、グランド京都でも日本人に対して通常料金の自由営業を開始した。しかし、日本人客は全体の三割ほどに留まり、売り上げ改善には至らなかった。

またこの時、日本人客の入場を許したことについて祇園から抗議を受けた。

「元々は占領軍専用だというから渋々提供したのであって、それが解除された今の使用状況は本来の趣旨に反している」

祇園はいち早く京都観光と都おどりを回復させたかったが、吉本興業が日本人客の入場を許可したことで歌舞練場の返還が難しくなるのではないかと危惧したのである。祇園は吉本興業と施設の一部を転貸している安宅産業株式社（のちに株式会社ブルニエ）を被告とし、京都地方裁判所に建物の返還訴訟を提起した。

「そもそも施設は吉本興業に貸したのであって、無断転貸で安宅産業が物産店やレストランとして使用しているのは不当である」

これ対して正之助も食い下がった。

「うちは改装費に千数百万円も投じとるのやから、祇園さんがこれを弁償せんと返還を求めるのはさすがに権利の濫用でっせ」

実は経営開始から三年が経つこの頃になっても祇園も吉本興業も政府からの補償を一切受けていなかった。本来、この弁償の主張は政府に対して行なうべきであったが、正之助からすれば「どこでもええさかい、早いこと補償してくれ」というのが本音だった。

訴訟は一九五一（昭和二十六）年十一月十九日に調停が成立した。

まず、吉本興業は物産展「ショールーム」とレストラン「ブルニエ」を祇園に返還することが決まり、祇園は安宅産業株式会社に対し、新たに一九五五（昭和三十）年まで税金と火災保険料を負担することで使用を許可した。

さらに吉本興業は歌舞練場を含むその他施設の一切を一九五二（昭和二十七）年一月末日限りで祇園に返還することも決まり、一方の祇園は吉本興業に対し、補償金三千万円を支払うことになった。これは当初の十年契約を前倒しする形であったが、吉本興業は経営不振を理由に残存期間の使用を求めなかった。

吉本興業では返還までの間、占領軍専用から一転、日本人向けとなった映画館「グランド会館」を「市民劇場グランド会館」と改め、宝塚の公演で再開場させる。そして料金の値下げや名画デーを設けるなどして赤字を抑えながら、一九五二（昭和二十七）年一月三十一日、ついに苦悩の種だったキャバレーと映画館の経営を終わらせた。

一方の祇園は吉本興業に支払う補償費の工面に奔走。松竹株式会社や京都信用金庫などから借金し、約二年半かけて吉本興業へ支払った。これにて一旦は祇園が国に代わって吉本興業に補償金（三千万）を弁済した形となり、正之助も「やれやれ」と一息ついた。

歌舞練場は荒廃がひどく、早急な復旧工事を必要としたため、祇園は京都府や京都市などと共に再び資金集めに腐心し、約二十の銀行団から八千七百万円の協力融資を得た。

祇園としては何が何でも国から補償金を貰い、工事費用を補填しなければならなかった。そのため、国に対して繰り返し補償請求を行なった。祇園が請求した内容は次の五つ。
①　吉本興業から返還を受けるために支払った補償金（三千万円）
②　歌舞練場の復元費用
③　都おどり開催不能による損害

④　調達中建物の使用不能による損害
⑤　調停金及び復元工事費用を支払うため、他所から借金した際の利子の遅延損害
祇園は一九五〇（昭和二十五）年から二年間、南座（松竹株式会社所有）で都おどりを開催したが、その借用費もここに含まれている。

しかし、この祇園の補償請求はことごとく却下された。その理由は祇園が今回のキャバレー設置にあたって占領軍から出されるＰＤ（調達請求書）を持っていなかったためだ。

占領軍による日本の占領政策は間接占領方式であった。これに基づけば、本来は占領軍から「歌舞練場を使いたい」と京都府にＰＤ（調達請求書）が出され、それを受けて京都府がその請求に応じるという形でなければならなかった。そうした手順であれば要した費用もすぐに国から支払われる決まりであった。

しかし、今回の歌舞練場、弥栄会館、八坂クラブは事情が違った。三つは占領軍のＰＤ（調達請求書）を受けたわけでなく、京都の治安悪化を懸念した京都府や警察が勇み足でキャバレーの設置を決め、祇園に提供依頼しただけ。そこに軍の請求は存在しなかった。

とはいえ、祇園は「占領軍のＰＤ（調達請求書）は存在しないが、事実として占領軍に建物を提供し軍専用として使用されたし、提供の際には京都府知事から補償の言質も取っている。これは軍の調達命令に基づいて政府の要求に応じ、建物を提供したといっても相違はない」と主張するしかなかった。

祇園（学校法人京都八坂女紅場学園）は損害補償請求事件として本件を司法の場に持ち込んだが、国側は祇園の主張を認めなかった。

「キャバレーは京都府が占領軍進入後の地方行政をうまく行うための手段として考え、祇園に懇願したものだ。国が調達したという関係はなく、軍からも調達の要求はなかった」

「また、吉本興業も国に関係なく自己の計算でキャバレーを経営したまで。仮に祇園側が主張する通り、国と契約して歌舞練場を提供したというのならば、契約終了時に祇園は国に対してその返還を請求しなければならない。なのに、そうなっていない以上祇園の主張する損害補償は一切存在しない」

裁判は一九五八（昭和三十三）年七月十九日に判決が下る。東京地方裁判所は主文において次のように判示した。

「本件につき、被告（国）は原告（祇園）に対し損失補償の責任がある」

最後まで国側は主張を続けたが、司法は祇園の主張を認め、国に一部の損害補償を命じた。

これにより国は祇園に対し、約二億八千万円と借金の法定利率年五分の遅延損害金、訴訟費用の四分の三を支払うことになった。

これにて、吉本興業のキャバレー経営も本当の意味で決着を迎えたのだった。

当時、弘高はグランド京都を欧米文化の集積場として期待し、岩田専太郎にとっておきの美人画まで依頼した。そして、そこに描かれた彼女たちの瞳は、良くも悪くも終戦直後の日本の姿をまざまざと映し出す結果となったのであった。

時代に振り回された吉本興業と祇園はその後、長い時を経て再び手を組むことになる。二〇一一（平成二十三）年に「よしもと祇園花月」が誕生すると、二〇一四（平成二十六）年に始まった「京都国際映画祭」では、その第一回オープニングセレモニーの会場として、祇園甲部歌舞練場が使われた。

一九五二（昭和二十七）年の返還から六十二年。すでに過去の記憶が払拭された歌舞練場には国内外の取材陣が多数詰めかけ賑わった。

映画館とキャバレーと芸人の派遣事業

話を終戦間際の大阪に移そう。大阪吉本は焼け残った小屋で演芸活動を続けていたが、次第にその話も聞かれなくなる。残っていた芸人の数も限られていたし、復興状況を悲観した芸人の中には廃業する者もいたためである。だが、理由がもう一つある。

それは終戦を機に大阪吉本が「演芸から映画へ」事業転換したためだ。戦後、橋本鐵彦は膨大なメモを残した。その中に終戦間際に下した決断が記録されている。

『吉本は、この非常時下をおもい、芸人に対する賃金一切を帳消しにして各芸人に贈り、その身柄を自由に解放した。それでも永年吉本で芸を磨き、戦後の吉本復活に希望をもつ若干の芸人は苦難の日常生活に耐えていた。吉本はその心情を汲み、出来るだけの仕事を与え、その機に応じて待遇した』

また、一九五六（昭和三十一）年の『新日本経済』（新日本経済新報社）でも吉本興業が事業転換した理由について触れられている。

『既に当社は持味であった「色もの」の漫才、浪曲などは戦後においては映画館経営に転換し特に最近は洋画の上映にその主力は注がれている。これは戦後において人気が映画に集中したのも原因だが、一方、例の「色もの」は人件費が大きくかさみ収益が少ないなども一つの転換の原因であることは間違いない』（『新日本経済　新年特別号』昭和三十一年一月一日）

終戦以後、兄の正之助は失意の底にいた。

「演芸はもうええわ。芸人なんて金がかかってしゃあない。その点、映画は楽や。遅刻も無断欠席もせえへんからな」

皮肉なことに映画館経営は大当たり。最低限の人件費で一定の業績を上げることができた。

吉本興業がお笑い産業から手を引いた。その文言は大きなインパクトを持ってこれまで伝えられてきたが、実は一概にそうは言えない。正之助が持つ笑魂の火種はくすぶっていたのである。

一九四八（昭和二十三）年、正之助は大阪で「吉本土地建物株式会社」という会社を設立する。この会社の実態は不詳だが、当社の発行した領収証が見つかった。そこには『吉本土地建物株式会社　吉本移動芸能部』とあり、某日、大阪府和泉市伏屋町へ芸人を派遣した際、先方から支払われた出演料の明細があった。同時に吉本興業から先方に宛てた手紙も見つかった。

『昨日は御来社御用命有難う存じます、就ては左記の通りの豪華メンバーの編成出来ましたので御通知申上ます、顔が揃いましたので少々予算徴過しましたが、前座なしの番組ですから悪しからず　御諒承下され■、尚当日はナンバを十一時発で参りますから、伏屋停留所へお迎いに出て下さる様お願い申上ます　先は申願いまで』（■は判読不可）

残念ながら派遣者人リストは確認できなかったが、この時、総員十四名、合計出演料二万三千五百円になる芸人たちが派遣されていた。

前出の橋本鐵彦のメモを読み返すと、若干名の芸人が残留しているし、当時を知る社員の中には芸人の派遣が行われていたと証言する者もいた。つまり、大阪吉本は創業以来中枢事業だった演芸を縮小こそしたものの、活動自体は続けていたものと思われる。

映画館とキャバレーの経営に加え、芸人の派遣事業を行っていたのが大阪吉本である。ところが、兄の正之助が戦後しばらく意気消沈していたその裏で、欧米文化の流入を受けた日本では、弟の弘高が躍動していた。

戦後にこそ輝いた弘高の近代的システム

戦争末期、弘高は空襲で焼け出された人たちを荻窪の自宅に迎え入れたが、その中には吉本せいが溺愛した息子、吉本穎右《えいすけ》もいた。泰三が亡くなる半年前に生まれた穎右は本名を泰典といったが、二十歳になったのを機に通名の穎右に改名し、同時に早稲田大学進学のため上京。最初の半年間は帝国ホテルから通学していた。弘高は大阪の姉を心配させまいと単身で上京してきた甥っ子（穎右）の面倒をよく見た。

時同じくして、弘高は友人の杉原貞雄（映画プロデューサー）に頼まれて当時人気急上昇中だった大阪歌劇団（ＯＳＫ）の女優、笠置シヅ子も預かることになった。弘高は空襲によって行き場のなかった笠置を家の裏手にある洋館に住まわせた。

この洋館というのはフランス人の親友、オダン（小壇）の家であったが、戦時中に地方へ引っ越し、そのあとを杉原が借りていた。そして、避難先で出会った穎右と笠置はほどなくして恋愛関係になった。

終戦前後の混乱期の最中、弘高にそんな二人の逢瀬を知る余裕はなかった。銀座の東京吉本は終戦間際に戦災に遭い、一時的に移転を余儀なくされたが、その間も浅草や銀座で同胞援護運動の協力興行を行なうなど活動を続け、終戦から一年後に復旧工事を終えた銀座のビルに戻った。

銀座に戻った弘高は一九四六（昭和二十一年）十月、ついに大阪吉本と正式に分離した姉妹会社「吉本株式会社」を設立する。その母体となったのは一九三八（昭和十三）年七月に設立した吉本興業株式会社であった。以降、吉本株式会社は戦前の吉本興業株式会社が築いた基盤を継承し、東京から名古屋にかけて様々な事業を展開していく。

一九三八（昭和十三）年の海外視察以後、弘高は自身の中で覚醒したイズムを波及させようと努めたが、それは戦争を前に遮られる結果となった。

しかし、戦時中から己の頭の中に認め続けたアイデアは戦後、子会社の創設ラッシュとして表面化することになる。弘高はそれら子会社を吉本株式会社の傘下に置くと同時に、すべての機能を銀座に復旧した「吉本ビル」（通称）に集約した。

以下からは、極めて近代的なシステムを実現させていった終戦以後の弘高の頭の中を覗いていきたいと思う。

まず、終戦直後の弘高は個人事業主として「ＹＳＢ吉本事業社」を立ち上げた。これは翻訳や印書、和英タイプ、さらには都電や劇場の広告取扱を行うものである。当時、ＧＨＱや占領軍の話が飛び交う中、これからアメリカナイズされてゆくであろう時代に備え、弘高は真っ先に時代に則した新事業をスタートさせたのであった。

弘高自身、当時乗っていた車（水色のダッジ）を進駐軍に取られるという悔しい経験もしていたが、彼らを相手に事業を展開することに対し、押さえきれない興奮と期待感があった。これは戦前から欧米文化に触れてきた弘高ならではの感覚だ。

そして翻訳の次はやはり映画だった。一九四六（昭和二十一）年に合名会社「吉本プロダクション」を設立。資本金十万円の同社は映画の製作と配給の会社であった。戦前、東宝映画配給株式会社の傘下にも「吉本プロダクション」という同名の製作所を置いた経験がある。それとは全く異なる会社であるが、その時に得た経験は間違いなくここに集約されている。

かつて、一九三八（昭和十三）年に日本映画製作所というものも設立し、短編映画を製作した弘高であったが、戦時下においてそれは有意義に機能したとは言い難かった。そのため、今回設立した吉本プロダクションは仕切り直しの事業であり、『縁は異なもの』（昭和二十二年一月）をはじめとする複数の作品を製作した。

続く一九四八（昭和二十三）年、今度は「吉本映画株式会社」という会社も設ける。資本金は五百万円。映画製作から演劇演芸の興行、芸能配給まで行う同社社長は兄の正之助であったが、本社が置かれたのはやはり銀座西四丁目の吉本ビルであった。

この吉本映画株式会社では『肉体の門』（昭和二十三年八月）や『花嫁婿取花合戦』（昭和二十四年一月）などの作品を製作した。

翻訳、映画と来て、次に弘高が構想したのはラジオ番組の製作である。一九五二（昭和二十七）年十一月、銀座の本社（四階建て）を改装すると、大小二つの録音スタジオと応接室を完備した「吉本ラジオセンター」を設けた。ここでは放送企画の立案から製作演出、テープの録音転写、編集、台本作成などが行なわれた。関係者からは「ＹＲＣ」の愛称で親しまれ、ロゴも譜面上に音符に見立てた「ＹＲＣ」の文字が描かれたユニークなものだった。

吉本興業とラジオといえば一九九五（平成七）年の阪神・淡路大震災を契機にコミュニティＦＭ局「YES-fm」を開局させているが、その組み合わせは四十年以上前の銀座でも誕生していたのである。

次々と新事業を展開する弘高だが、その基盤にはやはり劇場があった。一九四九（昭和二十四）年に設立した「吉本劇場株式会社」（資本金一千万円）では弘高が社長として映画館や劇場の運営を行った。

劇場運営も上り調子。一九三八（昭和十三）年から江東花月劇場を経営していた江東楽天地に「江東吉本映画劇場」と「江東花月映画劇場」の二つの映画館を開館し、戦前の吉本興業株式会社から継承した劇場に加え、新規の直営劇場も増えていった。

ただ一つ、本拠地の東京花月劇場だけは大阪吉本からの賃貸という形で運営した。

かつて吉本ショウで華やいだ東京花月劇場は終戦後に「浅草グランド」と改称したのち、一九五一（昭和二十六）年一月からは「浅草花月劇場」となった。

大阪吉本では演芸事業が鳴りを潜めていた一方で、浅草では芸人だけでなく劇団の俳優たちも一緒になって東京吉本の劇場に出演し続けた。

息子穎右の死から三年、帰らぬ人となった吉本せい

当時の吉本株式会社には木戸新太郎一座、松旭斎天勝劇団、杉山昌三九劇団、柳家金語楼劇団などの劇団があり、浅草の舞台に出演していたが、弘高はある日、本拠地・浅草花月劇場の支配人に大学を卒業したばかりの穎右を抜擢した。

この判断にはせいの意向があった。

「大阪はあんまりパッとせんさかい、しばらくは東京で経験を積ませてやってくれんか？」

せいは穎右の上京以降、事あるごとに電話で近況や様子を尋ねてきた。

「ただし、身体に異変があればすぐに休ませてやっておくれ」

穎右は病弱であった。母と同じ肺結核を患い、無理できない体であったが、本人は母の期待に応えようと張り切った。弘高は甥っ子が近い将来、吉本興業を背負って立つ人物であることを予見し、なるべく興行の世界に触れさせる機会を用意した。当時、弘高は「東映興業株式会社」という横浜の劇場・映画館を運営する会社も設立するが、ここの取締役にも穎右を加えている。

横浜の劇場といえば、戦前から伊勢佐木町に横浜花月劇場があったが、一九四六（昭和二十一）年十一月二十六日から「横浜グランド劇場」（のちに横浜花月映画劇場）と改称し洋画封切館となる。

さらに横浜野毛町のマッカーサー劇場を手中に収めた弘高は、一九五五（昭和三十）年六月十日から「横浜吉本映画劇場」として開場している。

吉本株式会社の傘下にはＹＳＢ吉本事業社、吉本プロダクション、吉本映画株式会社、吉本ラジオセンター、吉本劇場株式会社、東映興業株式会社が置かれた。それらすべての事業が銀座西四丁目の吉本ビルから発信されたのだから、銀座の吉本ビルはいわば、戦中から弘高が認めてきたアイデアの集積地であった。

吉本株式会社は一九五五（昭和三十）年頃、ビル建て直しのために機能を一時的に浅草花月劇場に移すが、この時、新築竣工したビル「塚本素山ビル」はバブル期に日本一の地価を付けたほか、二〇一四年（平成二十六）年に安倍首相とオバマ大統領が会食した寿司屋「すきやばし次郎」が入居する有名なビルである。この度々話題に上がる場所を戦前から本拠地とし、「吉本ビル」と呼んでいたのが、ほかでもない弘高の東京吉本であった。

一方の大阪吉本では、キャバレー経営に四苦八苦していた一九四八（昭和二十三）年一月、吉本興業合名会社から吉本興業株式会社（資本金六百五十万円）に改組する。つまり、戦前の吉本興業株式会社は、その機能は東京で継承され、名称は大阪で生き続ける形となったのである。

大阪に誕生した吉本興業株式会社は会長に吉本せい、社長に林正之助、副社長に根岸寛一、専務に林弘高、取締役に橋本鐵彦らが就いた。これが現在の吉本興業株式会社である。

副社長の根岸寛一は日活を経て、満州映画協会の理事なども務めた映画畑の人物である。弘高と結びつきの強かった人で、前年に公職追放を受けた彼を吉本興業が副社長として迎えたのだった。体調不良によりすぐにその座を退くことになるが、彼との繋がりもあって弘高も満州演芸協会の取締役に名を連ねることになる。

当時の弘高は満州演芸協会の取締役以外にも日活監査役、大日本映画取締役、帝都座常務、東京都興行組合長など数多くの肩書を持ち、日本興行界で確かな存在感を発揮していた。

吉本興業入社以降、かれこれ二十年以上が経った。年齢も四十代に入り、キャリアの最盛期を迎えた弘高。しかし、その一方で入社のきっかけをくれた姉のせいに異変が起きていた。

創業から約三十年がたったこの頃、姉のせいは絶望の淵にいた。なぜなら一九四七（昭和二十二）年五月十九日に息子の穎右が二十四歳の若さでこの世を去ったためである。興行界にその身を投じて間もなく、持病の肺結核が悪化したのだった。

この時、穎右は笠置との間に女児をもうけていた。しかし、せいは穎右と笠置の恋愛を許さなかった。これには興行界の裏側を知るせいにとって「同業者の嫁を受け入れることができなかった」という意見もあれば、「子離れできぬ母としての嫉妬心から相手が誰であっても息子の恋愛を許せなかった」などの意見がある。

穎右死後、せいは衰弱し、持病の肺結核が悪化した。この時、せいは兵庫県西宮市の甲子園口にいた。大阪の笠屋町にあった持ち家が戦災に遭い、移り住んでいたのである。

屋敷には看護婦や大勢の女中、男衆がいて、枕元には高価かつ貴重だったペニシリン製剤が積み上げられていたという。さらにGHQの特配を受けたチョコレートやコーンビーフ、舶来菓子もたくさん揃っていたそうだ。

しかし、次第に入院生活を送るようになると、ついに穎右の死から三年が経つ一九五〇（昭和二十五）年三月十四日、帰らぬ人となった。六十歳だった。

四天王寺で行われた社葬には各界の著名人が訪れ、芸人代表として弔事を読んだ花菱アチャコはその場で大粒の涙を流した。

吉本創業から三十八年、夫の意志を継いだせいは時に「演芸の母」と称された。終戦後の大阪吉本は演芸事業を縮小させていたが、せいは最期、演芸事業の完全復活を望みながら鬼籍に入ったという。

そんな彼女は今、大阪府豊中市の服部霊園で眠っている。

センセーショナルな映画「肉体の門」

銀座の本社には、せいの写真が飾られるようになった。その写真を見ながら弘高は、もしも、姉に誘われていなければ今頃はどんな人生を送っていただろうか、と考えることがあった。きっと今ほど強い理想を抱き、寝る間も惜しんで取り組むような仕事には出会っていなかったかもしれない。

「あんたはあんたのやりたいと思うことをおやり。いろいろ悩んで苦しんで、そしてなにより楽しんでやらな損だっせ。うちの夫は芸人と一緒に仕事をすることが楽しくてしかたがなかった。それがここまで会社が大きくなった秘訣だす」

姉は東京という地で自由に泳がせてくれた。周囲から自分（弘高）にだけ甘いと陰口を言われていたことも知っている。だからこそ、余計に結果を出してその口を黙らせてやるという気になったし、それが姉の恩に報いることだと思った。

姉のおかげで芸人と出会い、ショウと出会い、映画と出会った。特に映画製作は戦前から持ち越した課題の一つであった。

「おい弘高、映画の方はどないなっとるんや？　休んどる場合ちゃうぞ」

姉に甘やかされていた分、兄の正之助は厳しかった。兄弟なのに会うと緊張したし、サボれば必ず尻を叩かれた。だが、弘高はそれがなければここまで来られていないこともよくわかっていた。

「映画については近々新しい動きをするので、また報告します」

終戦以降、弘高は様々な新事業を展開したが、その中でも映画に対する理想は他よりも強かった。一九四七（昭和二十二）年十月十五日、東宝、日活、東横映画、東急などと共に「株式会社太泉スタジオ」（資本金千四百万円）を設立。弘高は同社の社長に就任すると、本社も吉本ビルに置いた。

貸しスタジオ業を目的とした同社のスタジオは東京練馬区にあった。ここは戦前、新興キネマの撮影所として建設されたものだが、戦時中に軍需産業の工場に転用され、終戦後の荒廃した状態を八百万円で買収した。

この貸しスタジオは東宝、松竹、新東宝が使用した。スタジオで撮られた第一作目は吉本・東宝提携作品『タヌキ紳士登場』（昭和二十三年三月）である。そして、第二作目には太泉スタジオ・吉本映画提携作品『肉体の門』（昭和二十三年八月）を撮影した。

『肉体の門』は元々、弘高が傘下に置いていた劇団「空気座」が「肉体の門」（田村泰次郎原作）を上演したことに始まる。これはパンパンガール（私娼）たちが自身の肉体を武器に食うか食われるかの戦いを繰り広げるという、終戦後の日本に現出していた一部の闇をあぶり出す作品であった。

　手元に当時のパンパンガール（私娼）について追究した雑誌『歓楽街』の記事がある。これは戦後、ＧＨＱに収集された雑誌であるが、その発行元は吉本興業である。占領政策の一環として検閲を受けた本誌はカストリ雑誌と呼ばれるもので、副題には「映画と読み物」とあった。

　この吉本興業における戦後最初の刊行物『歓楽街』（第二十号）によると、当時、街にはびこったパンパンガールの年齢は十七歳から二十歳が約七割を占め、中には十四歳から五十歳すぎまでいたようだ。職業は専門にしている者が一番多く、次に女給、ダンサー、女工、タイピスト、会社員の副業と続いた。

　彼女たちの収入は一カ月平均二千円から三千円。人によっては七千円から一万円稼ぐ者もおり、昼は映画をみたり、ヤミ市をうろついたり、ぜいたく三昧の生活を送っていた。そんな彼女たちの半数以上が性病を持ち、『歓楽街』ではある神経科医の人格調査を紹介し、「知能が低く、精神病者や麻薬中毒もいる」とその特徴を追究していた。

「肉体の門」では、こうしたパンパンガールたちが復員兵をめぐって争う姿が描かれた。すると浮浪女性の荒々しい生態や、生々しいリンチシーンなどが話題となり、同作品の役名を名乗る本物のパンパンガールたちが街にはびこるなど社会現象となった。

その人気に目をつけた弘高が「空気座」との関係から映画化の権利を取得すると、マキノ正博を監督に迎え、さっそく撮影に入った。

製作は太泉スタジオ・吉本映画提携によるもので、これが戦前の短編映画『女房だけでも』に続いて二作目となる完全吉本オリジナルの映画作品となった。

この映画のために書き下ろされた主題歌『「あんな女」と誰が言う』は主人公の関東小政役を演じた轟夕起子が唄った。演歌調で「♪燃える素肌に映した森は　関東小政の貧しい心」と唄い出したその歌声は、さすがは宝塚出身だけあって聞き入ってしまう魅力があった。

『肉体の門』はその内容からセンセーショナルな映画として話題となったが、当初は内容が過激なあまり試写会をするのも一苦労で、会場として許可が出たのは大阪吉本が運営する映画館「グランド会館」（キャバレー・グランド京都の隣）だけだった。

ただしその後、全国で上映されると、映画は大ヒットを記録。一九八〇年代にかけて五回もリメイクされる大作となった。

日本初の日米合作映画の製作

かつてマーカスショウでショウビズ界にインパクトを与えた弘高。今回も『肉体の門』という強烈な作品を引っさげて映画界に名乗りを上げた。

そんな太泉スタジオは一九四九（昭和二十四）年十月、東急や東横映画などの共同出資で新会社「東京映画配給株式会社」を設立し、新たな配給網を開拓した。太泉スタジオも東京映画配給の傘下に入り、自主製作に本格進出すると、太泉スタジオ単独としては第一回作品となる『女の顔』（昭和二十四年十一月）を製作した。

実はこの『女の顔』を撮影中、かつて吉本ショウに出演していた谷崎歳子がオーディションを受けに来たが、この時、谷崎は当時十二歳の娘、江利チエミも一緒に連れて来た。ところが、谷崎はワンカットも撮らぬうちに病で倒れてしまい、その後しばらくして亡くなってしまう。

オーディションといえば、当時、太泉スタジオでも「太泉映画ニューフェイス審査」といって大規模なオーディションを実施している。

一九四九（昭和二十四）年十二月に「太泉映画ニューフェイス募集」の新聞広告を掲載したところ応募が殺到。一カ月にわたる写真審査の末、女子二十一名、男子三十六名が次の審査に進んだ。

二次審査は太泉スタジオで行なわれ、朝から武蔵野線太泉駅には緊張気味の参加者が集まってきた。審査委員は弘高をはじめとする太泉スタジオ関係者に加え、来賓審査員として親友の岩田専太郎、画家の猪熊弦一郎、作家の邦枝完二、中野実が参加。さらに映画界からは映画監督の鈴木重吉、斎藤寅次郎、今井正、俳優の飯田蝶子、清川玉枝のほか、東映や新聞社、雑誌社の関係者も審査に加わり、審査委員長は映画監督の山本喜次郎が務めた。

簡単な学科試験と容姿チェックのあと、いよいよ問答形式の本格的な審査が始まり、主に「容姿」「表情」「言葉」を重点的に審査した。容姿では歩き方や脚の長さを見たり、表情では数台のライトに照らされた中で笑顔を披露するよう要求した。ほかに踊りの経験や最近読んだ小説、前職や親戚に芸能人はいるかなど尋ねたあと、最後に言葉の発音や訛の有無などをチェックした。

ここまで順調に審査をパスしてきていても、マイクを通した声がだみ声だった場合はハネられる可能性があるほど「言葉」は大切な審査であった。女の場合は「わたしも、貴方様と御一緒に御食事させて頂きますわ」、男の場合は「不肖、社長、佐生庄三郎は慎重に考慮を重ねている」とそれぞれ言ってもらう。女子の場合は普通に言わせるだけでなく、甘ったれた感じや、怒った感じで言わせたりもした。

こうした審査を経て、通過者は審査委員の多数決によって決められた。当時の雑誌『新映画』は「太泉映画ニューフェイス審査」二次審査以降の顚末について次のようにまとめている。

『その日は遂に夕暮になってしまった。かくて約三十名程が選に入ったのである。それから数日を経て今度は本社（東京銀座）に於いて再考査が行われた。当日は母親つき添いの女性が再び胸をわくわくさせながら集合した。そして更にキャメラでテストが行われるのである。

以上の考査を克明にやって点数の多い者が入社出来るわけであるが、此の人達が全部ニュウ・フェイスとして映画界に進出し、やがてスタアになるかと言えばそれは分からないのである。まだまだ長い茨の道が続くのである。その茨の道を踏み越えた暁に、やっと映画界へのスタートが切られるのである。以上の内の誰と誰とが果たして茨の道を乗り越え得るか、それは神のみぞ知るであった』（『新映画』昭和二十五年四月号）

この新人オーディションが行われていた最中の一九五〇（昭和二十五）年三月、太泉スタジオは「太泉映画株式会社」と商号変更する。引き続き社長の座に就いた弘高はますます映画製作に傾倒し、『青空天使』（昭和二十五年五月）、『哀恋の港 やくざブルース』（昭和二十五年六月）、『突貫裸天国』（昭和二十五年七月）などの作品を相次いで世に送り出した。

そんなある日、弘高は大阪で、今でいうところの「映画祭」を企画する。まずは在阪の芸能記者たちを集めると、大阪千日前の料亭「かどや」で「太泉映画の会」を開催した。さらに、今度は一九五〇（昭和二十五）年二月十四日、十五日の二日間、京都の「グランド会館」でも映画会を開催。『肉体の門』をはじめ、『執行猶予』『女性対男性』『東京無宿』『戦火を越えて』『青空天使』などの作品を上映し、話題を呼んだ。

そして、作品を量産する弘高はついに日本初の日米合作映画まで製作する。東日興業と共に『東京ファイル２１２』を製作し、一九五一（昭和二十六）年一月に日本、五月にアメリカで公開したのだ。

弘高はこの時、映画雑誌『新映画』に「我が道を行く」という題の寄稿を発表し、その中で「わが夢は国際映画に」といって斯界に世界進出を呼びかけていた。

『最近太泉映画は東日興業と提携共同作品として「東京ファイル２１２」の日米合作を試みたが、おそらく困難と危険はあるがこれを完成せしめる事が日本映画の関係者としてドル圏内へ初めて出る映画であり、これが成功する事により、一本輸出の日本映画一九〇〇弗が、共同製作することにより、どれ丈けドルが、多分に得られるかと言う答えと、国際映画進出の夢が実現される事だと思う。日本の映画業者はその製作を合同して国際映画の進出にモットモット関心と努力と実現を計るべきだと思う。私はこの道に業者の大いなる協力を求めたいと切望している』(『新映画』昭和二十五年十月)

思えば戦前の海外視察以降、弘高はずっと映画の輸出入に関心を示していた。その理想は映画界の誰よりも高く、頭の中でドルの計算までするほどであった。

かつて欧米の映画関係者から軽視され、拳で枕を潰した悔しさは、戦後の混乱期を経て、日米合作映画を作るまでに弘高を成長させたのである。そんな映画人・弘高が映画を製作する上で大切にしたことが同じ寄稿内で語られていた。

『吾々は、一本一本せめて充分でなくとも損をしないでそうして社会に楽しまれるか喜ばれる映画を一本でも多く撮る事が本当に大切だと言う事を愚作を多く作った丈けに切実に感じて来た』

映画人、孤高の挫折

「社会に楽しまれる、喜ばれる映画を作りたい」

弘高の理想は実に純粋で誇り高きものであった。しかし、「愚作を多く作った」とある通り、太泉映画の成績は良くなかった。

『映画年鑑』（昭和二十七年版）によると、一九五〇（昭和二十五）年十二月までに製作した新作五十二本のうち、黒字を計上したのはたったの七本であった。

当時、資金回収の円滑さを欠く太泉映画に対し、東京映画配給との合併話が持ち上がったが、弘高はそれを拒否し東京映画配給の役員を辞任する。

「畜生！　もういっぺん、一から仕切り直しや。今に見ておけ！」

弘高は危機を打開するため、撮影所の強化を図る。だが、それも融資面で難航し、次第に製作続行が難しくなると、今度は元の貸しスタジオ業に戻って赤字経営の立て直しを試みた。ところが、それも他社のレンタル料未払いに遭い、従業員の給料さえ支払えなくなり、弘高はとうとう一九五〇（昭和二十五年）十一月の臨時株主総会において、東京映画配給との合併を決断した。

一九五〇（昭和二十五）年十一月一日、東京映画配給を主体に太泉映画と東横映画の三社合併が成立し、一九五一（昭和二十六）年四月一日、新たに「東映株式会社」（資本金一億七千万）として再出発した。弘高は東映の専務に就任したが、そこはもはや自身の野望をたぎらせることができる環境になかった。

『英之ファイル』の中にソファーに腰掛けた弘高の写真がある。写真の横には「太泉映画 社長時代」と手書きされた文章があった。その字は弘高の直筆によるものであるが、文章は次のように続いていた。

【理想にむけて突進したが、見事に失敗した】

これまで何事も順調に進んできたように見える弘高。だが、戦前戦後と熱意を注ぎ続けた映画製作は失敗に終わり、挫折を経験することになった。四十三歳の時である。

前述した矢野誠一氏の弘高評「経営者としてはロマンチストすぎる」を思い起こすと、これこそ理想を追求しすぎたが故の失敗であり、客観性や冷静さを欠いた結果かもしれない。そして以降、残念ながら弘高が映画事業に関心を示すことはなかった。

「これからは名古屋や」

失敗をひた隠す者も多い中、「映画製作は失敗に終わった」と、わざわざ自身のアルバムに残すような男が、いつまでもウジウジとしているわけもなかった。

弘高には「トコトンやってダメならスッパリ諦める」という、さっぱりとした気質があり、それは妻の利喜と同じだった。

「また次、何かやるんだろう？」

利喜が聞くと、弘高は口髭を横に伸ばし微笑んだ。

「おう、当たり前や。これからは名古屋や。わしが中京を盛り上げたる」

弘高は今度、名古屋に力を傾注し始めた。一九五四（昭和二十九）年、名古屋地区開発に際し、担当者から経営相談を受けたのだ。

「近々、名古屋駅前に完成する豊田ビルに劇場を設けるので運営を任せたい」

弘高は身を乗り出した。

「ならばぜひとも試したいことがあります！」

挫折を経ても尚、湧き出るアイデアは止まなかった。

一九五四（昭和二十九）年七月二十三日、弘高は「中日本興業株式会社」を設立すると、二階から五階にかけて定員一千人のシネマスコープ劇場を建設し、地下にも定員八百人の劇場を建設する計画と発表した。

すると、それから一年後の一九五五（昭和三十）年十一月一日、豊田ビルの竣工と同時に「グランド劇場」「ロキシー劇場」「ニュース劇場」をオープン。当時の流行であった一つの施設に複数の劇場（スクリーン）を持つ、今でいうシネマコンプレックスのような形式を名古屋でいち早く実現させたのである。

中日本興業ではその後も名古屋駅周辺に「アロハ劇場」「セントラル劇場」「アスター映劇」などの映画館を建設したが、同社は創業から六十年以上が経った今も尚その事業を拡大させている。

そのほか名古屋では結婚式場「東山会館」もオープンさせるが、開館直前に伊勢湾台風が同地を襲い、大混乱に陥ったそうだ。その後、修復作業を経ての開場となったが、弘高はこの時、利用者に対して観光がてら伊勢湾台風の爪痕を見せて回ったという。

当時、大学を卒業した英之さんも銀座の本社に出入りし、名古屋へもたびたび出向いたそうだ。

「車の往復でね。まだ東名高速がない頃だから箱根の山を越えて何時間もかけて行っていたんだよ。親父さんは汽車だったけど」

名古屋への関心が強かった弘高。だが、それにも増して興味を抱いていた場所がある。それは前章でも触れた中国だ。戦前から社会党への関心が強かった弘高は政界の著名人とも親交があり、先に挙げた細川嘉六のほか、芦田均内閣時の労働大臣、加藤勘十とも親しかった。そんな弘高は業界の仲間とたびたび中国へ足を運び、日中友好協会に対しても多額の資金を注ぎ込んでいた。

「親父さんは日中友好協会を牛耳っていたんだよ。中国はすごいだのなんだの言って。田中角栄よりもずっと先の話ですよ」

英之さんはそう言い切った。しかしながら、この中国への関心と名古屋での事業がその後の吉本株式会社を窮地に陥れることになってしまう。

弘高が可愛がった江利チエミ

東京吉本のマネージメントに注目すると、戦後の東京吉本にとって、江利チエミの存在はまさに宝であった。まだ十代そこそこの彼女の稼ぐお金が、弘高の理想を実現させるために運用されたのだから、弘高は純粋に湧いてくる親心以上にチエミに目をかけた。

両親共に東京吉本所属だった江利チエミ。父は柳家三亀松のピアノ弾きだった久保益雄、母はピッコロ座の女優の谷崎歳子である。谷崎は芸達者な三枚目として活躍したが、一九五一（昭和二十六）年に亡くなってしまう。チエミが十四歳のときであった。

この、のちに昭和の歌姫として語り継がれる天才少女の面倒を見たのが、映画から手を引いたばかりの弘高であった。チエミは物心付いた時から頻繁に母親の舞台を見に来ていたため、弘高も彼女のことを知らぬ存在ではなかった。

両親とも地方巡業で家にいないことも多かったが、舞台で活躍する母親はチエミにとって憧れの存在であり、六、七歳になると、見覚えた役者の物マネをするようになった。だが、それがあまりに上手すぎたために母親に止められたという話もある。

そんなチエミが人気歌手になった頃、母親について語った一文を見つけた。それは一九五八（昭和三十三）年、二十歳の時のものである。

『お母さんの他はだあれもいらない。けれど、もう、いない。昭和二十六年、あたしが十四の時、なくなったの。あれから六年もたってるのに、どうしてこう病的に、年がら年じゅう、お母さんのことばかり考えてるのかしら。ほんとうにこれから先こそ、いてもらいたかった。あたしがお嫁に行くところを見てもらいたかった。女の子はあたし一人なんだから、なおのこと。

あたし芸術座で『暖簾』を観ていてボロボロ泣いちゃったんです。コンブ屋のおかみさんになる浪花千栄子さんの役をお母さんがやったらどんなに……そう思ったら余計胸がつまって。もっとも、あたし、とても泣き虫で、面白いことで笑っても泣くんですけど……

あたしのお母さんも女優でした。浅草のほか有楽座にも出たし、大阪の北野劇場にも出たことがあるんです。……でも『暖簾』は素晴らしかったわ。こんないい芝居をこれからもどんどん、たくさん、やってもらいたいわ』（清水崑『人物花壇』大日本雄弁会講談社）

憧れだった母を追ってか、弘高の世話になったチエミ。一九五二（昭和二十七）年一月に『テネシー・ワルツ』『カモン・ナ・マイ・ハウス』のヒットソングを生み出し、ベストテンにも名を連ねると、ジャズブームの到来という時代の後押しも受けて瞬く間に人気者となる。具体的な時期は不明であるが、ちょうどこの頃にマネジメントしていたのが弘高の東京吉本であったと思われる。

チエミは当時、十五、六歳であったが、その度胸は大人も舌を巻くほどだったという。そんな彼女は十六歳の春に渡米すると、日本の小娘という物珍しさも手伝って、運よくアメリカの一流歌手と共にハリウッドの慈善音楽会に出演したり、ＣＢＳの放送に出演したりと、自信をつけて帰国することになった。

その際、チエミと共にアメリカからデルタ・リズム・ボーイズも一緒に日本へ来た。そこで弘高は彼らとチエミを引き連れて、全国で帰朝公演を行なう企画を打ち立てた。

デルタ・リズム・ボーイズは黒人五人組の世界最高峰のリズムコーラス・グループ。メンバーはリー・ケーンズ、レネ・デナイト、トラバース・クロフォード、クリフォード・ホーランド、カール・ジョーンズである。この時、メンバーの一人、カール・ジョーンズに手取り足取り教え込まれたことは、チエミにとって大きな財産となった。「デルタ・リズム・ボーイズ＆江利チエミ」一行は一九五三（昭和二十八）年五月二十日から全国巡業を開始。公演ではハッピにハチマキ姿で登場するというユニークな場面もあったりと、詰めかけたファンを喜ばせた。

また、ちょうどその頃、大阪の千日前グランドが新装開場することになる。ここは旧大阪花月劇場であり、吉本せいが大劇場建設の代替とした建物だ。戦後すぐ映画館転換を機に「千日前グランド劇場」という名称になっていたが、この度、装いを改めることになり、その披露式が一九五三（昭和二十八）年の十二月二十四日に行われ、エンタツ・アチャコが久しぶりの漫才を披露したあと、式のトリをチエミが飾った。松本伸とニュー・パシフィック楽団と共に話題曲の『テネシー・ワルツ』を歌い上げると、会場は大盛り上がりとなった。

チエミは瞬く間に吉本株式会社の稼ぎ頭となり、大阪吉本の花菱アチャコ、東京吉本の江利チエミという構図を作り上げた。
吉本興業のマネジメントを受けていた当時の彼女はどのような一日を送っていたのか。今回、彼女の日記の一部を見つけたので紹介する。一九五四（昭和二十九）年十月（十七歳）の時のものである。

『十月三日（曇りのち雨）

今日は私のリサイタルの日、朝何となく早く眼がさめた。あいにく今にも雨が降って来そうなお天気、「せっかくの日なのに意地悪だなあ――」と空をにらむ。午前中家の人達といろいろ衣装の選定をする。白や黒や赤いドレス――自分の衣装はみんな好きでなかなか決まらなかった。六時から開演だけど練習があるので、二時頃家を出て会場の東京体育館へ向う。もうお客様はいっぱい入っていたようだった。次々とかけつけて下さる仲良しのかたがたや、花束、オルゴール、お人形等、贈物の山に今日の幸せが嬉しくて涙が出そう。フォア・ブラザーズの芦田さんが今日を記念して、奥様がひばりちゃんとおそろいで編んで下さったという赤と白の蛍光ビニールの可愛らしい手さげを持って来て下さった。芦田さんは「恥かしいんだよ」っておっしゃったけどこんな心のこもった贈物が一番嬉しい。六時には応援出演して下さる方々もみんな見えて無事に開演した。次々と移るバンド演奏に、客席の湧いているのが手に取るように楽屋まで聞こえて来る。いよいよ出番。まるで野外ステージのような大きな会場で全部のファンの人達の心の中にとけこもうと力いっぱい歌った。普通の劇場と違って気づかれも大変、ステージの後側のお客様に「後向いてくれ!!」などと野次られて後向いて歌った。やっとワンステージ終わったけれど、後半は、ほとんど私の一人舞台。最後のヒット・メロディに入った頃はもう十時を過ぎていた。アンコールに答えて歌い終わった時は、夜もふけて十時四十分だった。最後まで見ていて下さった会場のファンの人々に心から感謝の頭をさげる気持ちだった。

十月九日（晴）

今日は今出演中の日劇〝秋の踊り〟の第一回目が貸切観光客の人達の為の特別公演で、いつもより一時間早く開演なので朝早く起きて九時に家を出た。この頃めっきり涼しくなったので早起きはつらいしねむくて仕方がない。少し風邪気味なのでノドを大事にしなければいけないのだけど、今日もステージの合間に他のお仕事がある。一回目をすませてすぐ中川ツルーパースのリサイタル会場、日比谷公会堂へかけつける。そのあと神田共立講堂へかけつけてまた歌った。

この日劇〝秋の踊り〟は歌だけでなく私もたくさん踊るので、大変つかれる。でも毎日がとても楽しい。ブルー・ムーン等、好評をいただいて嬉しかった。

新聞社の人にマリリン・モンロウとオードリイ・ヘップバーンの採点を聞かれて困ってしまった。みんなそれぞれよい所があるんだもの…

「トニー・カティスだったら全部百点なんだけどなあー」

って兄さんと顔を見合わせてクスリ!!　と笑う。ペギー・葉山さんや根岸明美さん達がお部屋へ遊びにいらして雑談をする。今日一日も無事にすみ、夜赤坂まで、パピリオ・アワーの録音に行った』（河出書房『知性』昭和二十九年十二月号）

一九五五（昭和三十）年十一月に公開された映画『ジャンケン娘』（東宝）では江利チエミ、美空ひばり、雪村いづみの「三人娘」が初共演する。この三人娘を企画したのは弘高の親友であり、戦時下でも色々と世話をした杉原貞雄プロデューサーであった。ただし、人気者三人の共演を実現させることは相当な苦労を伴ったそうで、当時、杉原はげっそりと痩せたそうだ。

弘高はチエミを心底可愛がり、ある時は彼女のために誕生日会を開き、高倉健と結婚した際は彼女の親代わりを務めるなど何かと気にかけた。

大成功した力道山のプロレス興行

弘高と関わりの深い人物がもう一人いる。それは日本プロレスの父、力道山である。一九五〇（昭和二十五）年に大相撲を廃業した力道山は、贔屓筋だった新田新作（明治座社長）の世話になっていた。

ところがある日、力道山はナイトクラブで日系二世のプロレスラー、ハロルド坂田と喧嘩し、坂田のプロレス技の前に圧倒されてしまう。すると、その経験が力道山の中に眠っていた闘争心を呼び覚まし、和解した坂田が稽古する道場に通うようになった。

力道山は瞬く間にプロレスデビューを飾るが、より本格的な修業を積むため渡米の意志を固める。ちょうどその頃、大相撲一月場所の千秋楽が終わり、花街の一つ柳橋（台東区）の「竹仙」で横綱・千代の山の慰労会が開かれた。

千代の山は興行界のドン、永田貞雄が贔屓にした横綱である。その慰労会で力道山と弘高は出会った。

会には弘高の他にも日本精工社長の今里広記、日本ドリーム観光社長の松尾国三、日本金属社長の矢野範二らが出席していた。こうした各界の関係者とはもう三十年近い付き合いになる。力道山はその慰労会の場で渡米のための支援者を募り、他の関係者とともに、弘高もその話に乗ったのだった。

弘高は後日、目黒の雅叙園で開かれた歓送会に出席すると、その後、羽田空港でハワイへ飛び立つ力道山の姿を見届けた。

それから一年以上が経ち、力道山は現地でもその名が知られる存在となった。三百戦中五敗という戦績に自信を深めた彼は日本でプロレス興行を展開すべく、スター選手を抱える全米レスリング同盟（ＮＷＡ）から「日本でプロレス興行を行なう際は全面協力する」というお墨付きを得て帰国する。この時、日本の羽田空港で「祝凱旋」

の横断幕を掲げたのは東京吉本の関係者たちだった。

力道山は日本でプロレス旋風を巻き起こそうと気合十分で帰国したが、永田をはじめ関係者は日本で馴染みのないプロレスの興行に不安を隠せず、二の足を踏んだ。

そんな時、永田に助言したのが、弘高であった。

「永田さん、これは今、来日しているホリデー・オン・アイスの関係者から聞いたのやけど、もしかするとプロレス興行はうまくいくかもしれませんで」

弘高はこの直前、アメリカから日本にやって来ていた「ホリデー・オン・アイス」のマネージャー、ミスター・ローゼンと会い、様々な意見交換をしていた。

「ホリデー・オン・アイス」は一九四三（昭和十八）年にアメリカで生まれ、現在も世界中で興行を展開するアイス・ショー団体である。そのマネージャーからプロレスの魅力を聞いた弘高は、永田にプロレス興行の可能性を説き、本気でやるなら手伝う意志があることも伝えた。

この言葉を機に永田はプロレス興行に踏み切る覚悟を決めた。

ついに永田や新田が動き、財団法人「日本プロレス協会」が設立される。その立ち上げには弘高も協力参加した。ようやくスタートラインに立った力道山は対戦相手を探すため、再度アメリカへ飛び、後日、レフリーの沖識名と共に帰国すると、その七日後、ベンとマイクのシャープ兄弟が世界タッグチャンピオンのトロフィーを持って来日した。彼らがアメリカで力道山が口説き落とした対戦相手である。

一九五四（昭和二十九）年二月十九日、日本初のプロレス世界選手権が実現する。世界タッグチャンピオンマッチで力道山は柔道家の木村政彦とタッグを組み、シャープ兄弟に挑んだ。木村は全日本を十連覇し、「鬼の木村」と謳われた柔道家である。さらにこの時、大阪の全日本プロレス協会と契約し、山口利夫、清美川梅之助、長沢日一、ユセフ・トルコなども呼んで準備を進めた。

万全を期したプロレス興行は大成功を収めた。当日、会場となった蔵前国技館には一万二千人が詰めかけ、通常の五倍以上の値を付けた入場券さえ完売する人気ぶりだった。

さらに入場できなかった者たちが会場を取り囲み、街頭テレビの前には延べ千四百万人もの観客が集ったという。群衆は力道山の逆水平チョップに大熱狂し、興行収入も歴史的記録を弾き出した。

東京を皮切りに全国各地を回った力道山。大阪大会の際は前夜祭が吉本興業の千日前グランドで行なわれている。この時、大阪大会（大阪府立体育館）を手伝った吉本社員がおり、その方が体験談を残している。

『当日券売りをやらされて、臨時に作った電話ボックスみたいなブースに入ったら、それが人波に押され会館の前をあっちへ行ったりこっちへ行ったりしたもんやった。確かリングサイド席は千円、二階の立ち見でも三百円ぐらいした。一万二千人ぐらい詰め込むもんやから、中には天井の鉄骨にぶら下がって見てるヤツもおった（中略）売り上げが無茶苦茶たくさんあって、それを一斗缶やドンゴロスの袋に入れては、現金を足で踏んで詰め込むねんけど、入り切れへんから自分のポケットに詰め込んだ者もおったよ』（竹中功『わらわしたい　竹中版　正調よしもと　林正之助伝』河出書房新書）

（注釈：残されていた当時のパンフレットによればリングサイド席は千五百円、一等席・千円、二等席・五百円、大衆席・三百円であった）

興行が大成功を収めると、五月には「日本プロレスリング興業株式会社」を設立し、社長に新田、取締役に永田、弘高と共に正之助も名を連ねた。

力道山はその後、元横綱の東富士とタッグを組み、今度は中米選手権王者のジャス・オルテガとバット・カーチスのタッグチームと対戦する。力道山はこの時、来日した対戦相手らと共に東京の街を車でパレードしたが、力道山が乗る車の助手席には弘高の姿もあった。弘高は力道山らと一緒になって沿道の群衆に手を振っていたのである。

しかし、この時をピークに弘高はプロレス興行から手を引いていく。

弘高にとっての最後のプロレス興行は力道山とNWA世界チャンピオン、ルー・テーズのマッチ。大阪扇町プールで行なわれた第二戦には三万人を超える観客が詰めかけ、当時の有料入場者数としては過去最高を記録したといわれている。

弘高のイズムは戦後にこそ輝いた。

彼が終戦後に見せた子会社の設立ラッシュにはまるで戦時下で溜め込んだイズムが膨れ上がって爆発したような印象がある。結果、それは大阪吉本との分離を確固たるものにし、吉本株式会社による歩みを推し進めたが、そんな弘高の前にある日、本家である吉本興業株式会社の社長の座が転がり込んでくるのである。

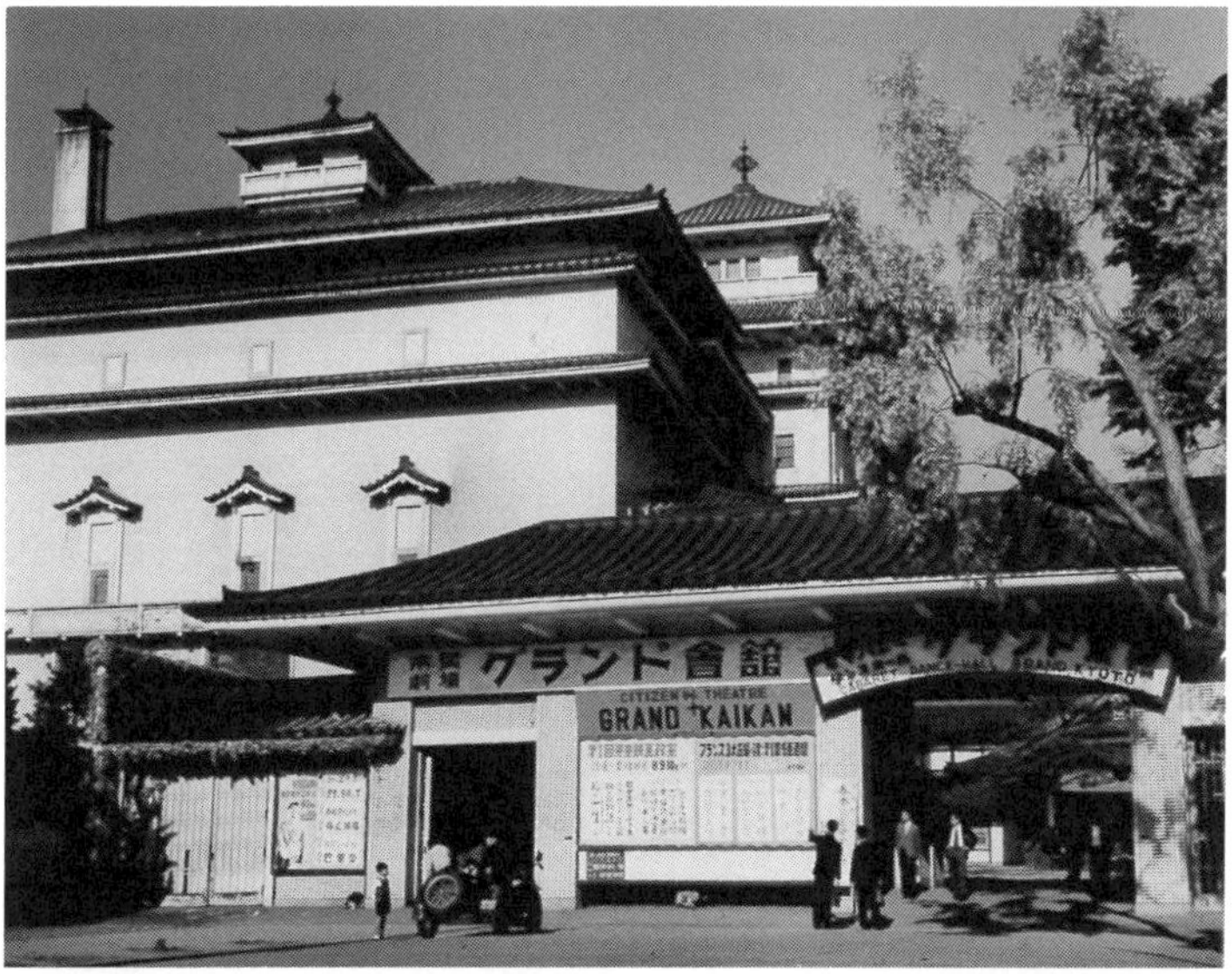

(上)占領軍専用のキャバレー・グランド京都と映画館・グランド会館
(下)憲兵、ダンサー、ボーイたちによる集合写真（グランド京都にて）

吉本せいと息子の穎右

(上)旧マッカーサー劇場を改修した横浜吉本映画劇場（開場初日の様子）
(下)映画関係者と談笑する林弘高（左から二人目）

(上)束の間の休日を過ごす（荻窪の自宅にて）
(下)終戦直後、映画館に転換した千日前グランド劇場（旧大阪花月劇場）

第五章

東京から大阪へ

ロゴマークの刷新から始まった弘高社長の大阪吉本

一九五八（昭和三十三）年、吉本興業および吉本株式会社（中日本興業含む）が経営していた劇場は全部で十八館。
〔吉本興業所有以下〕梅田グランド劇場・花月劇場、千日前グランド劇場、常盤座、新世界グランド劇場、京都花月劇場、神戸花月劇場、浅草花月劇場
〔吉本株式会社所有以下〕江東吉本映画劇場、江東花月劇場、横浜花月映画劇場、横浜吉本映画劇場、グランド劇場（名古屋）、ロキシー劇場（名古屋）、ニュース劇場（名古屋）、アロハ劇場（名古屋）、セントラル劇場（名古屋）、アスター映劇（名古屋）
これらが終戦から十三年で築き上げた吉本興業の戦後復興の形であった。
一九五一（昭和三十一）年、「もはや戦後ではない」という言葉が流行したこの頃、大阪吉本では「そろそろ演芸を復活させよう」という声が出始めた。その理由は映画事業の斜陽化や他社の演芸事業躍進などさまざまだが、社員らが演芸再開に不安を募らせる正之助を説得し、演芸再開に舵を切ることになった。

新大阪ホテルに芸能記者を集め、演芸再開と経営方針を発表すると、一九五九（昭和三十四）年三月一日、大阪の梅田に演芸場「うめだ花月劇場」が開場した。大阪では実に約十四年ぶりとなる演芸場であった。

その後、一九六二（昭和三十七）年六月には京都花月劇場も開場したが、この年は吉本興業にとって創業五十周年という節目の年でもあった。そのため、大阪の本拠地・千日前グランド劇場（旧大阪花月劇場）で五十周年記念総会が開かれ、永年勤続者に表彰や記念品の贈呈が行われた。

社長の正之助は記念総会の挨拶で、会場である千日前グランド劇場がどのような場所であるか。戦前の吉本興業を知らない社員も増えてきた中、声高にその変遷と姉の野望を語って聞かせた。そんな大阪の本拠地・千日前グランド劇場も記念総会のあと、演芸場に転換することが決まる。

東京の弟が面目躍如の活躍を見せる中、腹の底でフツフツと悔しい思いを沸き立てていた兄の正之助。かつてのエネルギーを取り戻すまでに十年以上もの歳月を費やしたが、この頃には「ライオン」の異名に違わぬ威勢を取り戻し始めていた。

しかし、一九六三（昭和三十八）年、千日前グランド劇場改め「なんば花月劇場」の披露式において、その壇上で開場の挨拶を述べたのは正之助ではなく、弟の弘高だった。

実はなんば花月劇場の開場二カ月前、正之助は持病の糖尿病に加え、膀胱疾病を併発。手術を余儀なくされ、社長の座を降りることになったのである。そんな兄の正之助に代わって急遽、社長のバトンを引き継いだのが弘高であった。

東京の吉本株式会社の社長でありながら、本家である吉本興業の社長にも就任した弘高であったが、イズムが揺らぐことはなかった。戦前から徹底して東京吉本第一を貫いてきた弘高にとってみれば、今回の件は「東京吉本の延長線上に大阪吉本があるだけ」「大阪が東京の一部になったにすぎない」そんな感覚でしかなかった。

いざ、東京から大阪へ。弘高はイズムを全開にして大阪へ乗り込んだ。

もちろん、大阪で再開した演芸事業を覆すような大転換はしなかったが、それ以上の発展を目指すのではなく、これまで大阪になかったこと、つまりは自身のイズムを大阪に浸透させようと、弘高は次々と新事業を打ち出していく。

「橋本くん、ずいぶん昔、『またいつか、一緒に仕事をしよう』といったことがあったけど、今ほどその言葉を強く思い出すことはないよ」

弘高は大阪本社の社長室で専務の橋本に言った。

マーカスショウよりも前、東京でショウ劇団の発足に向けて励んでいた日のことがふと頭をかすめたのだ。あれから東京、大阪と離れ離れながら同じ仕事をしてきた仲ではあったが、やはり、独り立ちして以降、距離以上に精神的な乖離が存在していた。

「ええ。まさか大阪の社長になるとは思ってもいませんでした」

橋本は昔から変わらぬ落ち着いた口調で話した。

弘高は橋本と束の間の歓談をしたあと、

「東京の街は今、来年に迫ったオリンピック一色だよ。五輪のロゴマークがいたるところで見受けられる」

と東京事情を語った。無論、これには意味があった。

「テレビが台頭してきた今、大衆は視覚的に物事を受け取ることに慣れてきた。そんな時代にロゴマークというのは実に効果的で、印象深いものだと思うんです。そこで、我が社のロゴマークも刷新したいと思うんやけど、どうやろか？」

「ロゴマークですか？」

「演芸復活を果たした今の吉本に、もっとピッタリなマークがあるはずや」

弘高が大阪吉本の社長に就任して最初に取り掛かったのは、会社のロゴマークを改定することであった。

吉本興業では大正期より花菱紋を会社のロゴとして使用し、戦時期以降は花菱紋に「吉本」の字を当て込んだロゴを大阪でも東京でも使ってきた。しかし今回、東京オリンピックのロゴに刺激を受けた弘高はそのロゴを一変させようと考えた。

弘高は知り合いに製作を依頼した。広い交遊関係の中からこの時に頼ったのは「戦後の銀座にモダニズムを復活させた」と称された建築家の岡田哲郎である。岡田とは名古屋の東山会館の建築を任せるなど、親交があった。

岡田は現代風数寄屋造りの第一人者であり、伊豆市修善寺の「柳生の庄」、伊東市の老舗旅館「濤泉郷」、小田原国際劇場など数々の建築設計を手掛けた人物でもある。晩年は和光大学創立にも参加。同大学芸術学科の教授を務め、一九八一（昭和五十六）年には勲四等旭日小綬章を受章するが、その二年後に八十歳で逝去する。逝去後に発行された『近代建築』（近代建築社）では彼の功績を讃える追悼座談会も行われている。

この時、弘高の依頼を受けた岡田が製作したロゴマークは「吉」の字を笑顔に見立てた「にっこりマーク」であった。弘高は「吉本の演芸復活＝笑いの復活」をロゴマークで表現しようとしたのだ。これぞ、弘高のセンスである。

ロゴマークの刷新から始まった弘高社長の大阪吉本。既存の事業である演芸は変わらず好調を維持していた。

「東西合同落語漫才長屋結成記念」公演

社長就任から四カ月が経ったある日、弘高は新聞社の取材を受けた。そこで記者から「映画から演芸へ」の転換成功について問われた弘高は、演芸事業の好調ぶりにご満悦な様子を見せる一方で、かつて自身が入れ込んだ映画事業に対しては不満を口にした。

『かつて千人からの芸人をかかえていた吉本だからできたんでしょう。変わり身のはやさなんて、随分人から冷やかされましたがね。私は正直にいって人さまのフンドシで相撲をとる映画というものが、いやになったんですよ。自分で企画して商売をする。しかもいまはテレビ時代、それだけに客は〝なまもの〟を見たがると思ったのが動機ですかな』(『読売新聞』昭和三十八年九月九日)

映画に対し、「いやになった」という発言には、弘高のピュアな部分が滲み出ているように思う。過去に執着せず、先を見据える弘高にとって、映画はもはや頭の片隅にもなかったのかもしれない。

一九六三(昭和三十八)年十一月二十一日の『週刊日本経済』(日本経済新報社)によれば、七月にオープンしたなんば花月劇場の七月から九月までの興行収入は約千二百万円。直前の四月から六月までの映画館の興行収入が約六百五十万円だったため、その収益は約二倍近い差を生んだ。

そして、この好調のなんば花月劇場を使って弘高は、戦前から抱いていた一つの理想を実現させる。

戦時下にあった一九四〇(昭和十五)年は皇紀二六〇〇年の節目でもあった。そんな特別な年を前に、ある日、新聞社の取材で事業計画を問われた弘高は当時、次のようなことを語っていた。

『まず東西の一流を網羅した演芸名人会だ。名人の出ぬ名人会はいくらもあるが、これは本当の名人会を開く日本固有の芸人を擁した近代的バラエティにしたい、多分秋には実現させる』（『読売新聞』昭和十五年一月十二日）

残念ながら当時は実現した記録がなく、その後も戦争は泥沼化。また、戦後は大阪の演芸事業が縮小したことで目立った演芸界の東西交流は見られなかった。しかし、この戦前にやり残した企画の一つを弘高は、「東西合同落語漫才長屋結成記念公演」と銘打ち、なんば花月劇場で開催した。

出演者は横山やすし・たかし、内海佳子・好江、堀ジョージ、浅田家寿郎・守住田鶴子、三遊亭円右、秋田Aスケ・Bスケ、玉川スミ、古今亭今輔、玉川一郎、晴乃チック・タック、林家染丸、獅子てんや・瀬戸わんや、柳家痴楽、島田洋介・今喜多代。

かつて豪語した通り、名実ともに一流といえる面々を揃えた弘高は、まさにロゴマークで表現した「にっこりマーク＝笑顔」のあふれる公演を実現させたのであった。

弘高社長の作ったボウリング場

大阪吉本を仕切ることになった弘高は大阪池田市の石橋にマンションを借りた。すぐ近くには大阪国際空港があることから、当時の弘高は大阪と東京の往復に加え、飛行機で外国に飛ぶことも多かったのかもしれない。

社長就任後、真っ先に取り掛かったロゴマークの刷新は、来る東京オリンピックに刺激を受けて思いついたアイデアの一つであった。

しかし、弘高が密かに認めていた事業はそんな規模で収まるわけもなかった。次に打ち出したアイデアは、オリンピックに合わせて関西随一となるボウリング場を建設することであった。

弘高がこうもオリンピック開催を睨んだプロジェクトを打ち出すのには、戦前からの消化不良が影響している。東京では一九四〇（昭和十五）年に夏季オリンピックが開催されるはずだった。ところが、戦争の影響から開催は見送られ、一時的に沸き立った東京市民は意気消沈した経験があった。

当然、弘高もこの時、意気揚々と準備を進めていた一人だった。オリンピックの開催ともなれば、全世界の人が東京に集まってくるに違いない。来日する外国人相手にどのような演し物で驚かせてやろうか。そう血が騒いでしかたがなかった弘高は、吉本ショウでもオリンピックを題材にした芝居をやったりと、ムードを高めるのに一役買っていた。ところが、結果的に開催は中止。弘高が頭の中で描いていたすべての企画は白紙になったのだった。

そんな経験をしたからこそ、弘高は戦後の東京オリンピックを強く意識した。さらに、弘高にとってオリンピック開催目前に大阪吉本の社長になれたことは運がよかった。なぜなら大阪と東京では、会社の規模も違えば、使えるお金の額も違ったからだ。本家の大阪吉本でならば、思い切った大きなプロジェクトを動かすことができる。そこで打ち出したのがボウリング場の建設であった。

日本初のボウリング場は一九五二（昭和二十七）年にできた東京青山の「東京ボウリングセンター」である。しかし、当時の日本人にボウリングは馴染みがなく、もっぱら占領軍の遊び場となっていた。

しかしその後、東京青山を中心にじわじわとボウリング人気が波及すると、十年後には全国でボウリング場の建設が進み、日本ボウリング場協会や全日本ボウリング協会ができるまでに発展した。

その躍進ぶりを東京で実感していた弘高は、プロジェクトの眼玉にボウリングを選び、社長就任直後から準備に取り掛かった。この時、これまた幸運なことに建設地としてすでに最良の場所があった。それは戦前に姉のせいが手にしていた千日前の一千坪である。

戦前の騒動（黒門市場の移転失敗）以降、一向に解決の目処が立たなかった同地であるが、一九五二（昭和二十七）年一月に虎屋信託の財産を引き継いだ大成株式会社（のち大成土地株式会社）によって和解金が支払われ、ようやく解決することになった。

その後、同地には百坪にも満たない本社が建てられた以外に特別な動きはなく、残りの九百坪以上は借地として小規模なサーカスや見世物小屋に貸していた。

弘高はこの有り余る広大な敷地に目をつけ、さっそく本社の移転を決める。それは社長就任からわずか三カ月目のことであった。

この時、本社を移した場所は三年前（昭和三十五年）に不動産事業の一環として建設した心斎橋筋南詰のビル（地下二階、地上七階）であった。そのビルは道頓堀にある有名なグリコの看板の向かいに建ち、その名も「吉本ビル」といった。

東京でも戦前から銀座に吉本ビルを構えていたが、このたび大阪でも同名のビルが建つことになったのである。ちなみにこのビルにはその後、「心斎橋筋2丁目劇場」が誕生し、ダウンタウンをはじめとする多くの人気芸人を排出することになる。

速やかに本社を移転させた弘高であったが、まだ一つ問題があった。実は一千坪の中にわずかながら他者の所有地が含まれていたのである。それはほんの二十五坪の敷地であったが、管理する大成土地はその地の所有者に対し、ボウリング場建設には含まない別地（三十坪）との土地交換契約を申し出て、さらに補償金三千四百五十万円を支払うことで相手の同意を得た。こうして、ついに弘高は一千坪進出の目処を立てたのであった。

姉が同地を手にしてから約三十年。その姉も他界してすでに約十五年が経とうとしていた。かつて大劇場建設を望んだ一千坪は長い間、そのポテンシャルを発揮できずにいたが、とうとう日の目を浴びる日が来た。その日を差し向けたのは、弟である弘高のオリンピックに対する強い思いであった。

工事着工につき、敷地は全面板囲いされ、要所に「ボウリング場誕生」というイラスト入りの巨大看板が掲げられた。そんな建設現場へ弘高は足繁く通い、足場の最上部まで上っては束の間、千日前を一望することが日課となった。時には東京から付き添いで来た妻の利喜と一緒に足場の最上部に上ることもあった。

「利喜、来年の四月にはここにドでかいボウリング場ができるのやで。すごいやろ?」

「ええ、すごいです。しかし、よくこんな土地をすぐに見つけましたなあ」

「ここは昔、姉様が劇場を建てようとしとった場所なんや。いろいろあって遅れてしまったし、望んだ内容やないかもしれんけど、もしも姉様が生きとって、わしがここでボウリング場をやるって言うたら、きっと背中を押してくれたように思う。姉様はわしのことをようわかってくれとったからな」

弘高は遠くに見える、七年前に再建された二代目・通天閣を望みながら利喜に語って聞かせた。

一九六四（昭和三十九）年四月十五日、半年後に迫った東京オリンピックに先駆けてボウリング場「ボウル吉本」がオープンした。総工費は約七億円。一階、二階に合計五十八レーンを備えたボウル吉本は関西随一の規模を誇った。

ボウル吉本は現在の「なんばグランド花月」にも負けない面構えを誇り、一千坪の敷地に堂々とそびえ立った。さらにそのエントランスには弘高が考案した「にっこりマーク」の巨大なロゴマークも掲げられた。

迎えた開場当日はボウリングのピンと球を模したアドバルーンが何本も千日前の空を泳ぎ、開場式典で挨拶を済ませた弘高は、続いて中央のレーンで始球式を行った。

レーンの前に立ち、胸元にボールを構える弘高の背後には大勢の関係者たちが集い、弘高の始球式を見守った。弘高は背後から無数の視線を浴びながら、下ろしたてのボウリングシューズをキュッと鳴らし、思いっきりボールをピンに向かって投げた。その瞬間を捉えた一枚が『英之ファイル』の中に残されていたのであった。

莫大な収益を稼ぎ出した巨大施設

東京オリンピック開催の半年前に、弘高肝いりのボウリング場「ボウル吉本」はオープンした。弘高は開場記念パンフレットの挨拶文の中で『東京オリンピックに対して、このボウリング事業の本質を生かして協賛することにした』と語っている。

そのパンフレットでは所属芸人たちの来場を呼びかけるメッセージも一緒に掲載されていた。一部抜粋して紹介する。

漫画トリオ

『「パンパカパーン、パンパンパンパン、パンパカパーン」十本のピンをノックアウト、フックフックとボールを捻らず、パンチの効いたストレート、快音放ってストライク！　現代人の意気にピッタリのスポーツであるね』

花紀京
『アア、ボウリングね、はやってまんな、最近は大きなビルが建ちまっさかいな！　それで地下水を汲み上げるボウリング　何ですか？　あれと違う、エエボールを転がしてピンを倒す、ああ、あのボウリング、あれは宜しおまっせ、何、やった事ないて！　すんまへん』

平参平
『わてのフォームどんなもんやろうと思います？　そらもう、一流ボウラーも及ばないアンダースローでなあ。わてのとっておき特許アホースタイルを披露しまっせ！　どなたか私に勝負を挑みませんか。待ってまっせ！』

開場式典には病状が回復した正之助も出席し、ボウリングに興じた。
ボウル吉本の営業時間は平日が朝十時から夜十一時、土曜日が朝十時から夜十二時、日祝日が朝九時から夜十一時。サラリーマンや学生はもちろん、広々と明るい雰囲気を作ることで女性や子供たちも楽しめる運営を心がけた。また初心者向けに、パンフレットにはゲーム方法からボウルの持ち方、上達の秘訣まで丁寧な説明を付けた。

ボウル吉本では開場翌年の一九六五（昭和四十）年五月、全国の優秀ボウラー五百人以上が出場する「第二回全日本ボウリング選手権大会」を関西で初めて開催し、朝日放送から中継放送も行った。

さらに同年七月、今度は来日したハワイ選抜ジュニアチームと、日本の学生選抜チームによる「日米親善ボウリング大会」も行ったが、ボウル吉本を国際交流の場として活用したのは他でもない弘高の企画であった。

ボウリングは全国的ブームを起こした。一九六六（昭和四十六）年三月の『経済人』（関西経済連合会）によると、日本は米国に次ぐ第二位のボウリング大国となり、全国のボウリング場数は一四五〇軒以上、毎日数十万人の日本人がボウリングを楽しむようになったという。

そんなボウリング人気の後押しも受け、ボウル吉本はあっという間に人気の施設となった。また、一千坪の敷地は千日前の一等地でありながら、同族会社の大成土地株式会社から月百五十万円という破格で借りられたこともあって、開場から五カ月足らずで約一億七千万円の売り上げを記録。その後もボウリングの活況は廃れる気配を見せず、戦後の吉本興業にとって莫大な収益を稼ぎ出す巨大施設となり、かつてキャバレーや映画事業で被った借金は瞬く間に消え去ったといわれている。

理想を追い求めすぎて失敗し挫折することもあれば、このように成功し悦に入ることもあった。そんなやや博打にも似た挑戦をするのが弘高であり、慎重な兄の正之助とは異なるところであった。

東京吉本の真骨頂

ボウル吉本の好景気を受け、弘高はより一層、大阪で自身のイズムを振りかざし始める。今度は多角的レジャー部門の強化を図っていく。『週刊日本経済』（日本経済新報社）で弘高は次なる構想「北九州観光開発」について語った。

『当面、北九州市若松の高塔山にヘルスセンターの建設を計画していますが、すでに四万平方メートルの土地を確保、まず八、二五〇平方メートルに遊園地、演劇場などをつくる。来年早々に着工し完成まで一年余かかりましょうが、なにしろ五市合併百

十九年二月）

万都市の主要レジャー整備だけに、大きな期待がもてます』（『週刊日本経済』昭和三十九年二月）

弘高は三年前から北九州観光の開発を計画し、ボウリング場建設を上回る約七億五千万円を投じる予定で話を進めていたが、残念ながら当計画は土地問題による揉め事が原因で実現しなかったようだ。とはいえ、その発想のスケールの大きさには驚かされるばかりである。

弘高はこの時の取材の最後に「これからはボウリング、演芸、観光、不動産の四本柱で進めていく」と今後の展望を語っていた。

好景気の続いた当時の日本ではレジャーブームが巻き起こっていた。そこで機を見るに敏、弘高はスポーツレジャー施設の建設を進め、一九六五（昭和四十）年七月にはボウル吉本屋上に専用直通エレベーター付の当時最大規模のインドアゴルフセンター「吉本ゴルフセンター」（総工費五千万円）を設けたほか、男子ロッカーを「ビリヤード吉本」に改造する。当初はアーチェリー場にするつもりだったが、気が変わってビリヤード場にしたのも弘高の気まぐれというべきか、はたまた嗅覚といえるのかもしれない。

また、マイカー時代の到来に目をつけると、ボウル吉本一階にモータープールを設置。大阪の泉南郡にはドライブイン「オアシス吉本」とボウル吉本の姉妹店「泉南ボウル吉本」を同時オープンさせた。オアシス吉本は関連会社の「吉本オアシス株式会社」が経営し、海水浴や魚釣り、キャンプなどができる家族レジャーの施設であった。

不動産事業関連でいえば、ボウル吉本開場の約半年後、心斎橋の吉本ビル地階に「おしるこ・さろん　花のれん」を開店する。店名の「花のれん」はすでに説明した山崎豊子の直木賞受賞作品の名前を冠したもので、店内には山崎の肉筆とされる扁額も二枚飾られた。

この「おしるこ・さろん　花のれん」は心斎橋筋を歩く女性を対象にオープンすると、その立地条件の良さから予想以上の売り上げを記録した。

弘高はある雑誌で「梅田の花月劇場と地下街を直結させる構想もある」と語るなど劇場と飲食店の融合を目指していた。

そのため、飲食店の展開は京都花月劇場二階でも見られ、長崎ちゃんぽん・皿うどんの「ばってん閣」に始まり、その次は「串かつ酒場花びし」を開店した。

おしるこ店にせよ、串かつ店にせよ、いずれも仲間と飲食を共にすることで交流を深めてきた弘高らしいチョイスである。

そうした弘高の性質は大阪吉本でも存分に発揮され、弘高が社長になって以降、誕生日会や社員旅行が頻繁に行われるようになり、芸人を交えての食事会もたびたび行われた。また、従業員の共通理解を深めるため、社是・社訓を定めたのもこの時の弘高であった。英之さんは言う。

「親父さんはビールが大好きでね。ここ（荻窪邸）の庭に生ビールの樽を持って来て、しょっちゅう人を呼んで生ビールの会をやっていましたよ。飲み食いしながら交友関係を築いていくのが好きな人でしたから」

花柳界が好きだった弘高は一人でしみじみとお酒を飲むよりも、みんなでワイワイ賑やかに飲む方が好きだった。誘われればひょひょいと足を運び、自分から声をかけることもしばしば。そのフットワークの軽さやこそ東京吉本の真骨頂であり、大阪吉本でもぜひ浸透させたいイズムの一つであった。

しかし、東京吉本に大阪吉本へのライバル心があった反面、大阪吉本にももちろん対東京吉本という意識はあった。むしろ、大阪吉本こそ本家であり、分家の東京吉本の人間に好き勝手やられてたまるかという反東京を心に宿す者も多かった。ただでさえ、大阪人の中には東京への反抗心やコンプレックスを持っている者が少なくない。そうした者たちからすれば、東京風情はいささか鼻についたし、ボウル吉本をはじめとする大阪らしからぬ事業（弘高イズム）は正直なところ、面白くなかった。

「大阪の吉本はわしの会社や、勝手なことさらすな」

ある日、とうとう弘高のやり方に物申す者が出てきた。正之助である。正之助は社長室に乗り込むと、椅子にどっかりと腰掛ける弘高の前に立ち、机を両手で叩いた。

「大阪の吉本はわしの会社や。これ以上勝手なことさらすな！」

兄の正之助と激論を交えることはこれまで幾度となくあった。しかも、お互いに一つの組織を背負った者同士、人の上に立つ経営者同士の激論であったため、単なる兄弟喧嘩では済まない熱の帯び方をし、周囲を驚かせた。

もともと、姉のせいが二人の性格の違いを見抜き、「大阪の正之助、東京の弘高」と住み分けさせたくらいであるから、二人はなかなか馴染み合うことはなかった。また、住み分けによって互いに独自の道を行きやすくなった分、次第に両者はそれぞれの距離感を過敏に気にするようになっていた。

そんなムードの中、東京の弘高が自分の土俵である大阪で幅を利かせていることに、さすがの正之助も溜まった鬱積が爆発してしまったのである。

「勘違いするなよ。いろいろやりたいことがあるなら東京でやれ!」

実は、弘高は大阪吉本の社長に就任した際、主要ポストに東京吉本の社員を登用し、大阪吉本を瞬く間に東京色に塗り替えていったのである。この時、大阪吉本の社員であり、のちに社長となる中邨秀雄はその煽りをもろに受けた一人であった。中邨は晩年に出版した自伝の中でその時の心境を綴っている。

『吉本興業の「顔」だった林正之助が持病の糖尿病や膀胱疾患や、何やかんやで社長を退いた。代わって東京にいた弟の林弘高が後任の社長に就任した。一九六三(昭和三十八年)五月のことだ。同時に経理や営業、制作部門などに、取り巻きが大挙して東京から乗り込んできた。新社長は演芸に関心がなかった。事業の柱を、新しい娯楽として人気を呼んでいたボウリング場に求めた。(中略)取り巻き連中は、思うように利益のあがらない演芸場なんかさっさと辞めて、手っ取り早く稼げるボウリング場にすればいいと思っている。（中略）いつの間にか社内に派閥ができていた。演芸派の後ろ盾だった正之助は会社にはいない。事態は演芸派にとって悪い方向に進んでいった。何かと目の敵にされた』（中邨秀雄『笑いに賭けろ！　―私の履歴書―』日本経済新聞社）

当時、テレビ課課長だった中邨はボウリング場が開場した翌年末に平社員に格下げされた。約一年後に課長に復帰するが、この頃から東京吉本の連中と抜き差しならない対立関係に陥っていった。

そんなある日、突如、いわれのない疑いをかけられた末、解雇通告を受ける。もちろん中邨は抗議したが、今度は依願退職という形で会社を去るよう迫られ、ついに会社を辞することになった。

『でっちあげで僕を退社に追い込んだ取り巻き連中の名前は、いまでも全部覚えている。押し問答を繰り返した弁護士の顔も忘れていない。入社以来、手塩にかけてきた

「花月」や芸人たちには後ろ髪を引かれる思いはあったが、吉本という会社には少しも未練はなかった。それでも泣き寝入りだけはできない。十月二十三日、大阪府警に虚偽告訴罪（誣告罪）で告訴に踏み切った』（前掲）

弘高を苦しめた名古屋と中国、そして病に

中邨（元社長）の筆には東京吉本陣に対する憎悪が滲んでいる。弘高が大阪で陣頭指揮を取っていた裏で、このような大阪対東京の不協和音が響いていたのだ。

弘高が社長に就任した当初、正之助は会社にいなかった。それが弘高をより自由にさせたのである。不在理由は先に説明した通り、病気が原因である。だが実は、その背後には身内の不祥事や、反社会的勢力との関係を当局にマークされたためなどという話もある。

そんな急転直下で訪れた兄の不在期間に、弟の弘高は惜しげもなく「イズム」を発揮した。だが、大阪吉本が新事業への進出で賑わう一方で、東京の吉本株式会社は苦境に追いやられつつあった。戦後復興を果たした東京の興行街は急速に斜陽化が進み、

これまで劇場や映画館の積極展開を行っていた東京吉本はその影響を強く受けることとなったのである。

さらに弘高を苦しめたのが名古屋と中国である。本業で生み出した利益のほとんどを名古屋と中国の事業に注ぎ込んでいた弘高だったが、名古屋に設けた中日本興業の経営は苦しい状況が続き、中国との付き合いも進展することはなく、ついに吉本株式会社は会社更生法の適用を受けることになってしまう。

諸問題を内包する大阪と東京の関係以外に、名古屋、中国関連にも頭を悩まさなければならなかった弘高。事業の展開力こそ彼の持ち味であったが、苦境に立つと一転、今度はすべてに首が回らなくなった。のしかかる心労に加え、度重なる大阪と東京の往復は、次第に弘高の体を蝕み、ある日弘高は脳軟化症で倒れてしまう。一九六六（昭和四十一）年六月、社長就任四年目に入った頃であった。

しかし、弘高は転地療養のため一時的に大阪を離れるも、数カ月で職場復帰し、病体に鞭打って経営陣の先頭に立った。もちろん、取り巻く状況は過酷なままである。

「利喜、今日はどうも会社へ足が向かへんなあ……」

「そんな弱気なこと言やしねえで、いつもらしく明るく、元気に行きますよ。みんなが待ってます！」

「そやな、行くか」

「行きましょう！」

弘高が倒れて以降、妻の利喜がどこへ行くにも帯同してくれるようになった。利喜は弘高の手となり、足となって、いつも着物姿で傍らに寄り添い、夫が社長であり続けるよう、懸命に支えてくれた。英之さんは言う。

「うちのおふくろさんって江戸っ子だからね、親父が借金して会社つぶした時、わたしがこんな立派な家に住んでいたら悪いといって、自宅の敷地の半分を売っちゃったんですよ。あっさりした人でね、そのお金で借金の残りを払ったんです」

冒頭に「戦後、訳あって自宅の土地の半分を手放した」と記したが、その理由がこれである。そう語った英之さんも父の仕事を手伝うようになり、まさに林家は一丸となって苦しい現状を乗り越えようとした。

身体の自由が効かないながらも、毎日、社長職を全うしようと努めていた弘高。ところが、一九六九（昭和四十四）年、再び病で倒れてしまい、とうとう社長の座も退くことになった。

退任後、弘高は東京に戻った。

「この人生、ほんまに楽しかったわ。ありがとう」

「最後の一年、面倒を見たのはおふくろと僕なんですよ。亡くなる直前はね、飯を食べさせるのにも、『英（英之）じゃなきゃダメ』っていってね。名指しされていましたよ」

自分のこだわりを貫き通す性は最後まで変わらなかった。その性質が多くのものを生み出した反面、最後は苦しめることにもなってしまったのは酷な話だ。喉頭がんを患っていた弘高の身はその後、慶応病院に移された。

弘高は病室のベッドの上でゆっくりと口を開き、か細い声を振り絞った。

「来年は大阪万博か。ええなあ。全世界から大阪に人が集まって来て、これまでにない盛り上がりを見せるんやろうな。ほんまにええなあ。俺も、なにかやりたかったな……」

身体はもう動かなかったが、頭によぎる過去と未来の交錯に思わず、涙がこぼれそ

うになった。今際の際になってもそんなことが頭をかすめてしまうのだから、

「この人生、ほんまに楽しかったわ。ありがとう」

そう口に出さずにはいられなくなり、傍らにいた利喜を泣かせてしまった。

弘高は一九七一（昭和四十六）年六月二十七日、午後四時後十五分、六十四歳でこの世を去った。

弘高が亡くなった。その訃報を聞いた兄の正之助は唇と肩を震わせながら泣いた。実は弘高が再び倒れ、病院に搬送された際も、正之助はひと目をはばからず号泣したという。

「親父さん（弘高）と正之助さんというのはおかしな兄弟で、片方の調子がいいと、もう片方はヤキモチ焼いてカリカリするし、逆に調子が悪いと、おいおいと心配するっていう不思議な兄弟でしたよ」

弘高と正之助はそれぞれ性格や感性に違いはあったが、姉のせいを含めた三人には同じ血が流れ、ここまで仲違いすることもなくやってきたのだから、その根っこには強い兄弟同士の絆があったに違いない。

「親父さんが亡くなりそうな気配になると、正之助さんが心配してねえ。しょっちゅ

う東京の病院に足を運んで、世話をしてくれましたよ。その時、兄弟愛を見ましたね」

正之助という人は威圧感ある振る舞いや豪快な発言から人間関係においてガサツなイメージを語る人も多い。しかし本当はとても義理に厚く、心の清らかな一面を持っていた。英之さんに言わせれば、「どちらかと言えば、うちの親父の方がまだ冷静でしたよ」と笑うほどである。

そうした義理や温かみは、弘高はもちろん、姉のせいも、義兄の泰三も持ち合わせていたものであり、兄弟会社の吉本興業がここまで発展した理由の一つであろう。

「葬式は自宅でやったのだけれども、正之助さんがもっと大きな会場で社葬をやりたいと言い出してね。結局、青山葬儀所でもやりました」

青山葬儀所といえば明治期に開設された歴史ある斎場で、約三千坪の広さを誇る葬儀所であった。

七月三日、午後一時、夏空の広がる晴天の日、弘高の社葬は執り行われた。会場には妻子でさえ驚くほどの人たちが集まり、東京から日本へ、そして世界へその名を轟かせた男、林弘高の死を弔った。

笑いの殿堂と弘高のＤＮＡ

映画、ラジオ、不動産、ボウリング、レジャーなど、戦後の弘高は頭に浮かんだアイデアの一部を具現化し、吉本興業に新たな柱を打ち込んでいった。なかでもボウル吉本は長きにわたって会社の主要財源として機能した。

弘高の社長時代に吉本興業を追い出され、その後、正之助の便宜によって復帰した前出の中邨（元社長）は、自身が社長就任時に刊行した社史『八十年の歩み』内における難波利三（作家）との対談の中で弘高について語っている。

難波　林弘高さんはどうなんですか。

中邨　僕は、あの人が長生きしていたら、今の会社はもっと変わった方向に行けたんではないかと思っています。

難波　そうですか。

中邨　それぐらい近代的な経営を志していた人やと思うんです。

難波　東京にしばらくおられたようですから。
中邨　ええ。それと交友関係も非常に広い方でございましたね。ただ、はっきり言わせていただくと、惜しむらくはブレーンが悪かった。
難波　ブレーンが？
中邨　ブレーンが悪いというより、ブレーンが僕と合わなかったからね。僕があの人とほんまにじっくり話してたら、もっと変わっていただろうと思います。
難波　短い期間で……。
中邨　というのはね、僕との出会いも短かったし、連れて来られたブレーンの方とのお付き合いも短かったために、胸襟を開いて話ができなかったんですが、あの人の過去の業績を見ていましたら、本当に近代的な経営ができた人やなかったかと、僕は思いますね。惜しむらくは、これからやというときに、胸襟を開いて話のできる機会がなかったというかね。
難波　表現は悪いですが、良かれ悪しかれ吉本は変わっていたと。
中邨　そういうことです。

難波　それだけのものを、何か持っておられた方ですか。
中邨　そうだと思いますね（前掲）

社史『八十年の歩み』の中に弘高の功績というものはほとんど記載されていない。それだけに、巻末に掲載されていたこの中邨（元社長）の言葉は私の感興をそそった。弘高没後、社長の座には正之助が就き、その後、橋本鐵彦もその座に就く機会があった。

そして、長い時を経て、ボウル吉本も下火になった頃、その跡地に大劇場の建設を打ち出したのは御年八十八の正之助だった。

一九八六（昭和六十一）年、約二十年続いたボウル吉本を三月いっぱいで閉場。取り壊したのち、六月から本格的な工事を開始し、笑いの殿堂「なんばグランド花月」を建設していったのである。

「なんばグランド花月」はよく「笑いの殿堂」と形容されるが、実はなんとなく呼んでいるこの言葉は吉本興業が戦前から意図的に使用してきたものであり、そこには確かな意味が込められている。

「笑いの殿堂」という言葉は決してPRのために造られたものではない。これは演芸を主軸とした興行会社である吉本興業が、創業当時より基本としてきた「笑い」のあり方、劇場（小屋）のあり方を示した言葉である。

時代が大正から昭和に改まって間もない頃、正之助が吉本興行部（当時）を代表してその本意を語っている。

『私は、老いも若きも随時随所に人生の春を持つものであると信じて居ります。それは、笑いであります。私達人類の春は、笑いの瞬間にのみ認められるのであります。三歳の童児も、米寿の老翁も常に人生の春を持っています。一家の和楽団欒はその家庭の春と言はなくて何でしょう。（中略）民衆娯楽の施化に当って、徹頭徹尾「笑いの殿堂」の建設を目標として進んでいる私の信念は、この人生観から生まれて居るのであります。（中略）笑は人生に注す油であって、笑を忘れた人生こそ油を失った機械と等しく暗澹たるものであります』（『笑賣往来　第九号』昭和二年三月一日）

「笑い」とは人生に注す油であり、笑いを忘れた人生は油を失った機械と同じである。

老若男女すべての人間の「春」は「笑うこと」にあるのであって、その大衆の「春」を満たす空間こそ、「笑いの殿堂」なのである。

これが泰三、せい、正之助、弘高たちが共有してきた「笑い」と「劇場」の存在意義である。そして、終生まで揺らぐことのなったこの信念が「笑いの殿堂」を自負する「なんばグランド花月」を誕生させるのだ。

着工から約一年五カ月、総工費約六十億円を費やした笑いの殿堂「なんばグランド花月」が完成したのは、姉のせいがこの地に大劇場建設を望んでからすでに五十年以上が経った日のことだった。戦前、せいが千日前に大劇場建設を望みながらも果たせなかったその野望は戦後、弘高のボウリング場を経て、正之助が果たすという結末を迎えた。

笑いの殿堂「なんばグランド花月」は威容を誇った。客席数は八五八席（一階席五六一席、二階席二九七席）。初日の公演は桂三枝、ダウンタウン、今いくよ・くるよ、横山やすし・西川きよし、京極利則と京極社中和幸会の民謡軍団、中国鉄道雑技芸術団。そして、最大の目玉は夜の部に登場したバラエティショウ『アメリカン・バラエティ・バン！』であった。

『アメリカン・バラエティ・バン！』では数カ月前から関係者がアメリカに渡り、オーディションを実施した。そこで選りすぐったダンサーたちに加えて、アメリカ演劇界で最も権威のあるトニー賞を二度受賞した黒人タップダンサー、ヒントン・バトルをメインに据え、「歌あり、ダンスあり、笑いあり」のバラエティショウを繰り広げた。

なんばグランド花月は「世界に向けた情報発信基地」として、夜の部に世界的エンタテインメントを届けようと考え、十一月から一月まで『AMERICAN BARIETY BANG!』が三カ月のロングラン公演を行なうと、四月からの三カ月は『THE 舶来寄席』と称し世界各国から技芸の優れたパフォーマーを招いた。

その間、昼の部では人気芸人たちが活躍したほか、特別主演として二代目引田天功や当時の韓国No1アイドル、キム・ワン・スン、中国広播芸術団などが舞台に華を添えた。

以降、吉本興業では国際色の強い興行を積極的に行うようになっていくが、そのDNAがどこにあるのかと探った時、私は行き着く人物が弘高しかいないように思った。

弘高は笑っている

私は弘高こそ、現在の吉本興業の姿に一番近いことをやっていた人物ではないかと思う。

これまでの吉本興業といえば、大阪吉本のせいと正之助のＤＮＡが根付く企業として捉えられてきた。しかし、そのＤＮＡをしかと受け継ぎながらも、新事業をことごとく打ち出す現在の吉本興業の姿には、せいでも、正之助でもなく、弘高のＤＮＡを強く感じるのだ。

過去を遡れば、現在の吉本興業が手がける事業と弘高のアイデアとがリンクするものがたくさんある。

例えばロボット。二〇一四（平成二十六）年に吉本興業は「ロボット研究所」を立ち上げ、笑いとロボットの融合という先駆的な事業を始めた。研究所のスローガンは「Making robots to make you smile／ロボットで人を笑顔に出来るのは私たちだけである」。この吉本興業とロボットという組み合わせを最初に実現させたのも弘高であった。

また、なんばグランド花月開場時の目玉となった「アメリカ・バラエティ・バン！」は、まさに戦前のマーカスショウが嚆矢となっている。

その後、二〇一四（平成二十六）年から二〇一五（平成二十七）年にかけて主演のヒントン・バトルが再来日し、「ヒントン・バトルのアメリカン・バラエティ・バン！」が二カ月間の公演を行なうと、二〇一七（平成二十九）年四月からは東京で「ヒントン・バトル・アカデミー」という学校を開校している。

学校についてもそうである。マーカスショウと出会い、吉本ショウの発足を機に、弘高もダンサーの養成所を設けた。この時、養成所に集った者たちは宝塚や松竹に憧れ、花月の舞台を目指した者たちであったが、今回の学校はブロードウェイ公演を含む国内外で活躍できるダンサーの養成を目指している。

もう一つ弘高のＤＮＡを感じさせるのは映画製作である。戦前に短編映画の製作所を作ったり、海外視察の際には外国の映画会社と渡り合った弘高。戦後は太泉スタジオで、数々の作品を世に送り出した彼のことであるから、きっと今、吉本興業が毎年開催している沖縄国際映画祭や京都国際映画祭にも天から舞い降りて参加し、最前列であれこれとアドバイスしているに違いない。なぜなら、そうした年に一回、業界人が集い、クリエイティブな話に花を咲かせ、夢を語らい合うその場所は弘高が最も愛した空間だからだ。

吉本興業は今後、沖縄を世界に向けたエンターテインメントの発信基地にするつもりだ。かつて弘高も銀座という場所を発信基地とし、映画、ラジオなどの新事業を打ち出していった。その中には終戦直後、翻訳や印書、和英タイプ事業を担った「YSBよしもと事業社」というものもあった。

実はこれに似た取り組みも現在の吉本興業では見られるのだから驚きである。それは二〇一六（平成二十八）年二月に発表された吉本興業と立命館アジア太平洋大学の連携協力によるもので、両者は映画祭やコンテンツの翻訳や海外向けの編集などで提携し、その連携協力内の「学術交流プロジェクト」に「小説の翻訳や意訳、漫才を各国に広める施策」が含まれているのだ。

戦前の吉本興業において世界から見た日本、世界から見た吉本興業という視野を強く持っていたのは弘高ただ一人のように思う。しかし、現在は違う。吉本興業は今や日本にある一つの芸能プロダクションというものではなく、海外に支社を持ち、世界進出を果たす総合エンターテインメント企業になった。

今後、民間十二社と官民ファンド「クールジャパン機構」が大阪で、インバウンド（外国人観光客）向けに歌舞伎や歌劇、イリュージョン、ノンバーバルショウ（非言語）などを行う構想を進めているが、その中に吉本興業も名を連ねているし、その大阪では既述の通り、二〇二五年の万博誘致も決まり、検討委員に大﨑洋社長が名を連ね、誘致アンバサダーにはダウンタウンが就任している。

これから吉本興業はどのようになっていくのだろうか。きっと天国の弘高は現在の吉本興業の発展を大好きなビールを片手に楽しそうに眺め、かつての仲間たちとワクワクしながらその行末を見守っているはずだ。

もちろん、未来を突き進む一方で、不可侵の聖域と位置づけられる場所もある。笑いの殿堂「なんばグランド花月」がそれだ。ここは吉本興業の原点。原点とはすなわち「笑い」である。

三六五日「笑い」が止まないここでは日本最高峰のベテランから新進気鋭の若手まで、吉本興業所属の芸人たちが己の芸と個性をぶつけ合っている。観客はその洗練された芸を求めて足を運び、毎日大笑いしている。二〇一五年度には開場以来、初めて年間入場客数が百万人を突破した。

大前提として「笑いの殿堂」という信念があり、その信念の上に「花月」という吉本創業者の思い、「グランド」という異国の人、文化から受けた刺激のすべてが収斂されている。加えて泰三、せい、正之助、弘高ら創業家の絆さえ含有する劇場が、笑いの殿堂「なんばグランド花月」である。

そんな「なんばグランド花月」も二〇一七（平成二十九）年でちょうど三十年の節目を迎えた。二階の劇場入り口を進んだ客席入場口の正面には、せいと正之助の胸像が並び、その二人の胸像の間には花をたむけた壺が置かれている。そして、その三点の背後に一枚、巨大な絵画が飾られている。

横幅二メートル以上、縦幅一メートル程の立派な額縁に収められたその絵には、戦後の吉本興業を見続けてきた五人の美女が描かれている。その美人画こそ、吉本興業のキャバレー経営時代、弘高が岩田専太郎に依頼した美人画である。

京都に「グランド」の看板を掲げてから七十年以上が経つ。キャバレー廃業後、彼女たちがどのように保管されてきたのかは不明である。だが、吉本興業の手を離れることなく、一九八七（昭和六十二）年の「なんばグランド花月」竣工当初から入場口正面に掲げられていた彼女たちは、三十年もの間、笑顔で出入りする観客たちを見届ける存在になっていた。

かつてその美人画に自身の理想を宿そうとした弘高。彼も時折、「なんばグランド花月」に舞い降り、舞台を見ては口髭を目一杯広げて笑っていることだろう。

（上）笑いの殿堂・なんばグランド花月（中左）戦前、吉本せいが大劇場建設を望んだ一千坪（千日前）にはボウル吉本ができることに（中右）ボウル吉本誕生。エントランス上部には林弘高の手がけたロゴマーク（にっこりマーク）が掲げられた（下）ボウル吉本で始球式を行なう林弘高

（上）東京–大阪を行き来した林弘高社長。左隣には橋本鐵彦の姿も。壁には亡き姉・吉本せいの写真が飾られている
（下）吉本興業株式会社の社長として従業員一同に挨拶

芸人、社員らと親睦を深める林弘高。ビールを片手に笑みをこぼす

長年、夫を支え続けた妻の林利喜

吉本興業を創った二人の弟、林弘高（左）と林正之助（右）

エピローグ

なんばグランド花月開場の前年、戦前から東の本拠地であり続けた浅草花月劇場が五十年の節目で活動を終えた。そして、それから五年後の一九九一（平成三）年七月六日、弘高を支え続けた妻の利喜もこの世を去った。

その後、吉本興業が東京に劇場を構えたのは一九九四（平成六）年のこと。その場所となったのは何の因果か、戦前から弘高が本拠地とした銀座だった。

一九九四（平成六）年三月、吉本興業は「銀座7丁目劇場」をオープンし、東京再進出、さらには全国進出の足がかりとした。

吉本株式会社は会社更生法の適用を受けた後は経営を立て直し、その後、英之さんが社長を務めた時代もあったが、一九八九（平成元）年五月、江東吉本映画劇場と江東花月映画劇場の売却を最後に劇場はすべて手放すこととなった。

とはいえ、吉本株式会社は今も尚、健在なのである。劇場は手離したものの、同社は今、荻窪の旧弘高邸を拠点に、英之さんと奥様の右子さんが不動産賃貸業を営んでいる。

吉本株式会社健在なり。そう思ってぐるりと取材していた居間を見渡していると、英之さんが思い出したように口を開いた。

「島田のおじさん（島田正吾）がひとり芝居を始めた時、その初演はこの部屋ですよ」

新国劇の大黒柱だった島田正吾は晩年、ひとり芝居に情熱を注いだ。当時すでに八十五歳の高齢であったが、ひとり芝居のチケットは発売即完売という人気ぶりを誇った。その最初の演目「白野弁十郎」の初演がこの部屋で行なわれたのだという。

「居間の半分を舞台にして、もう半分に座布団を列べてやったんです。そしたらものすごく評判が良くて、それで劇場でやらないかという話になったんですよ」

島田正吾は九十六歳まで舞台に立ち続け、まさに日本演劇界に燦然と輝く功績を残した偉大な人物である。

弘高のみならず、島田正吾にもゆかりのあるこの場所で長時間、それぞれのご子息と雑談を交えながら取材できたことは恐悦至極のことであった。この場をお借りして御礼を申し上げたい。

また、本著の執筆にあたってご意見を頂いた、竹本浩三氏（吉本興業株式会社文芸顧問）、田中宏幸氏（吉本興業株式会社副社長）、取材や出版において多大なる協力をしていただいた竹中功氏（元・株式会社よしもとクリエイティブ・エージェンシー専務）には感謝を申し上げたい。

取材の最後、私は弘高が眠るお墓へ足を運んだ。東京メトロ・丸ノ内線、東高円寺駅前の蚕糸の森公園を抜けて南に徒歩五分。日蓮宗寺院の福相寺というお寺がある。その敷地の一角に弘高は眠っていた。同じお墓には妻の利喜と生まれてすぐに亡くなった娘の利子も一緒に入っていた。

弘高が亡くなって二〇一七（平成二十九）年で四十六年が経った。これまで一切掘り起こされることのなかった林弘高。彼の偉大な歴史と功績に敬意を込めながら、私は墓前で手を合わせた。

誰もやってこなかったことを面白がってやろうとした弘高氏に、初めてその歩みを掘り下げた本著が喜んでもらえていることを願うばかりである。

《林弘高　年表》

明治19年　4月5日　吉本泰三（吉次郎）生まれる
明治22年　12月5日　林せい（吉本せい）生まれる
明治32年　1月23日　林正之助生まれる
明治38年　1月7日　石寺利喜生まれる
明治40年　2月1日　林勝（弘高）生まれる
　　　　　林せいが荒物問屋「箸吉」の吉本泰三（吉次郎）に嫁ぐ
明治45年　4月1日　吉本興業創業
大正6年　林正之助18歳　吉本興行部入部
大正13年　3月14日　吉本泰三没
　　　　　林弘高17歳　中央大学専門部商科入学
昭和3年　吉本興行部入部の東京の責任者に
昭和5年　東京吉本の本拠地　萬成座開場
昭和7年　吉本興業合名会社に改組　東京支社長に就任
昭和9年　27歳　マーカスショウ招聘
　　　　　浅草、千日前にて大劇場建設に動き出す

昭和10年　28歳　11月20日　東京花月劇場（浅草花月劇場）開場
吉本ショウはじまる
疑獄事件おこる
11月　ＰＣＬと提携　傘下に吉本プロダクション設置
昭和12年　12月　名古屋劇場開場（名古屋進出）
日本映画製作所設立　「女房だけでも」製作
昭和13年　31歳　万博の嘱託として海外視察へ
7月　吉本興業株式会社設立
10月　吉本映画演芸配給会社設立
第1回「わらわし隊」派遣
通天閣を買収
昭和14年　32歳　勝から弘高に改名
昭和15年　4月　黄金座（京城宝塚劇場）開場　翌月、株式会社京城宝塚劇場設立
移動演芸隊を結成　翌年に日本移動演劇連盟に参加
昭和16年　本拠地を銀座に移し「吉本ビル」を設ける
昭和20年　大阪吉本は映画事業に転換

昭和21年　YSB吉本事業社を設立
吉本株式会社を設立
昭和22年　吉本プロダクション設立　「縁は異なもの」制作
京都祇園にキャバレー「グランド京都」映画館「グランド会館」開場
10月15日　株式会社太泉映画スタジオ設立（社長林弘高）
5月　24歳　吉本穎右没
昭和23年　吉本映画株式会社設立「肉体の門」「花嫁婿取花合戦」など製作
1月　吉本興業合名会社から吉本興業株式会社へ改組
吉本土地建物株式会社設立
昭和24年　吉本劇場株式会社設立（社長林弘高）
昭和25年　3月　太泉スタジオは太泉映画株式会社に改称
11月　東京映画配給、太泉映画、東横映画の三者合併　東映株式会社設立
3月14日　62歳　吉本せい没
昭和27年　吉本ラジオセンター（YRC）設立
昭和28年　江利チエミ（デルタリズムボーイズとともに）全国公演開催
昭和29年　7月　中日本興業株式会社設立　名古屋地区開発に関与

昭和34年　力道山のプロレス興行を行う
　　　　　梅田グランド地下「花月劇場」を「うめだ花月劇場」に　大阪吉本が演芸事業を再開
昭和35年　心斎橋筋南詰に「吉本ビル」竣工
昭和37年　6月　京都花月劇場開場
　　　　　創業50周年
昭和38年　5月　56歳　林弘高が吉本興業株式会社の社長に就任
　　　　　7月　なんば花月劇場開場
　　　　　ロゴマークを改定
　　　　　昭和39年　4月　ボウリング場「ボウル吉本」開場
　　　　　北九州市若松の高塔山にヘルスセンター建設計画（中止）
　　　　　心斎橋筋の吉本ビル地下におしるこ・さろん「花のれん」開店
昭和40年　ボウル吉本屋上に吉本ゴルフセンター開場
　　　　　京都花月劇場2階に串かつ酒場「花びし」開店
昭和41年　6月　林弘高、脳軟化症で倒れる　数カ月後復帰
昭和43年　大阪泉南郡にドライブインセンター「オアシス吉本」「泉南ボウル吉本」開場

昭和44年　5月　林弘高、病気のため、吉本興業株式会社の社長を退任
昭和45年　4月　林正之助が吉本興業株式会社社長に就任
昭和46年　64歳　林弘高没
昭和60年　東京（草花）月劇場が50年の節目で閉場
昭和61年　3月　ボウル吉本閉場　22年の幕を下ろす
昭和62年　笑いの殿堂「なんばグランド花月」開場
平成元年　江東吉本映画劇場、江東花月映画劇場を売却
平成3年　4月24日　林正之助没
7月6日　林利喜没

●参考文献（引用文献は本文中に明記）
『吉本80年の歩み』（吉本興業株式会社　1992）
『演芸タイムス』（吉本興業株式会社）
『笑売往来（復刻版）』（吉本興業株式会社）
『大衆娯楽雑誌 ヨシモト（復刻版）』（吉本興業株式会社）
『マンスリーよしもと』（吉本興業株式会社）
『吉本興業を創った男 笑売人 林正之助伝』（竹本浩三　扶桑社　1997）
『わらわしたい 竹中版 正調よしもと 林正之助伝』（竹中功　河出書房　1992）
『吉本興業の研究』（堀江誠二　朝日文庫　1995）
『女興行師 吉本せい 浪花演藝史譚』（矢野誠一　中央公論社　1987）
『吉本興業の正体』（増田晶文　草思社　2015）
『芸能懇話』「第16号 特集 上方の寄席」（大阪芸能懇話会　2005）
『襲撃 中田カウスの1000日戦争』（西岡研介　朝日新聞出版　2009）
『笑いをつくる―上方芸能笑いの放送史』（澤田隆治　日本放送出版協会　2002）
『戦時演芸慰問団「わらわし隊」の記録 ―芸人たちが見た日中戦争』（早坂隆　中央公論新社　2008）
『笑いに賭けろ！ ―私の履歴書―』（中邨秀雄　日本経済新聞社　2003）
『遊芸稼人 アチャコ泣き笑い半生記』（花菱アチャコ　アート出版　1970）
『泣き笑い50年 柳家金語楼』（山下敬太郎　東都書房　1959）
『大阪笑話史』（秋田実　編集工房ノア　1984）
『私は漫才作者』（秋田実　文藝春秋　1975）
『上方笑芸見聞録』（長沖一　九藝出版　1978）
『かみがた演芸 漫才太平記』（吉田留三郎　三和図書株式会社）

『キートンの浅草ばなし』（益田喜頓　読売新聞社　1986）
『川田晴久読本 地球の上に朝がくる』（池内紀ほか　中央公論新社　2003）
『浅草細見』（浅草観光連盟　1976）
『浮かれ三亀松』（吉川潮　新潮社　2000）
『続続・値段の明治 大正 昭和風俗史』（週刊朝日編　朝日新聞社　1982）
『大阪城西界隈小史』（大阪城西界隈史跡編纂委員会編　大阪城西界隈史跡編纂委員会　1985）
『いまに生きる なにわの人びと』（朝日新聞社　1963）
『GREATER MARCUS SHOW』（吉本興業合名会社　1934）
『大阪叢書 第二輯』「千日前界隈」（上田長太郎　大阪趣研究会　1927）
『千日前聞書（けふ3）』（佐古慶三　希有文庫　1927）
『黒門市場史』（下元信行　黒門市場商店街振興組合）
『戦前期中小信託会社の実証的研究 ―大阪所在の虎屋信託会社の事例―』（麻島昭一　専修大学出版局　2005）
『武器としての宣伝（パルマケイア叢書3）』（ヴィリー・ミュンツェンベルク著　星乃治彦訳　柏書房　1995）
『日本陸海軍の制度・組織・人事』（日本近代史料研究会　東京大学出版会　1971）
『漫才と戦争』（藤田富美恵　新風書房　2005）
『映画芸能年鑑』（時事通信社　1947）
『プロレス三国志 永遠の力道山』（大下英次　徳間書店　1991）
『通天閣 50年の歩み』（通天閣観光株式会社　2007）
『東京読売巨人軍50年史』（東京読売巨人軍　1985）
『新映画年鑑』（今村三四夫　豊国社　1940）
『映画と音楽 三巻』（映画と音楽社　1939）
『東映10年史』（東映10年史編纂委員会　1962）
『戦後京の20年』（夕刊京都新聞社　1966）

『世に出る』（佐藤正忠　池田書店　1957）
『婦女界』（婦女界出版社　1930年8月）
『判例タイムズ』（判例タイムズ社）
『高等裁判所刑事裁判特報』（最高裁判所）
『はじめに喜劇ありき―清水宏、小津安二郎、成瀬巳喜男、山中貞雄、伊丹万作、そして斎藤寅次郎』（石割平、円尾敏郎、谷輔次　ワイズ出版　2005）
『続プログラム映画史 懐かしの戦後篇 昭和21～32年』（日本映画テレビ　日本放送協会出版　1979）
『南のけいさつあれこれ』（大阪府南警察署　1982）
『営業別電話名簿：大阪及管内神戸尼崎』（十字屋出版部　1918）
『阪神職業別電話名簿』（大阪広文館　1932）
『京阪神職業別電話名簿 逓信省公認 大阪之部』（京阪神職業別電話名簿編纂所　1934）
『映画年鑑』（時事通信社）
『人事興信録』（人事興信所）
『帝国銀行会社要録』（帝国興信所）
『銀行会社要録』（東京興信所）
『日本全国銀行会社録』（東亜興信所）
『会社四季報』（東洋経済新報社）
『日本経済新報』（日本経済新報社）
『週刊日本経済』（日本経済新報社）
『新日本経済』（新日本経済社）
『経済展望』（経済展望社）
『実業界』（実業通信社）
『朝日新聞』（朝日新聞社）
『読売新聞』（読売新聞社）
『毎日新聞』（毎日新聞社）
『戦時下の万博と「日本」の表象』（山本佐恵　森話社　2012）
『私的昭和史 桑原甲子雄写真集 上巻 東京戦前篇』（桑原甲子雄

毎日新聞社　2013）
『銀幕の銀座』（川本三郎　中央公論社　2011）
『浅草の百年』（神山圭介　踏青社　1989）
『ジャズで踊って』（瀬川昌久　清流出版　2005）
『喜劇人回り舞台』（旗一兵　学風書院　1958）
『100円からの東京たべあるき』（中谷金一郎　北辰堂　1959）』
『島秀雄の世界旅行　1936―1937』（島隆　高橋団吉　株式会社技術評論社　2009）
『現代の英雄：人物ライバル』（青地晨　平凡社　1957）
『移動演劇とは』（社団法人日本移動演劇連盟編纂　東京講演会　1943）
『移動演劇十講』（伊藤熹朔　健文社　1942）
『寺田寅彦全集　第七巻』寺田寅彦　岩波書店　1997）

吉本興業をキラキラにした男
林 弘高物語

著　者　小谷洋介
監　修　竹中　功
発行者　真船美保子
発行所　KK ロングセラーズ
東京都新宿区高田馬場 2-1-2　〒 169-0075
電話（03）3204-5161(代)　振替 00120-7-145737
http://www.kklong.co.jp

印　刷　中央精版印刷(株)　　製　本　(株)難波製本
落丁・乱丁はお取り替えいたします。※定価と発行日はカバーに表示してあります。
ISBN978-4-8454-2408-5　Printed In Japan 2017